Deutschzeit

9

Arbeitsheft

Erarbeitet von
Renate Gross, Franziska Jaap, Anne Jansen,
Sophie Porzelt, Toka-Lena Rusnok

scook

Deine **interaktiven Übungen** findest du hier:

1. Melde dich auf scook.de an.
2. Gib den unten stehenden Zugangscode in die Box ein.
3. Hab viel Spaß mit deinen interaktiven Übungen.

Dein Zugangscode auf
www.scook.de

Die interaktiven Übungen können dort nach Bestätigung der AGB und Lizenzbedingungen genutzt werden.

k6r4n-f5nb2

Cornelsen

Inhaltsverzeichnis

Planet Elektroschrott

Sprache untersuchen

Rechtschreibregeln und -strategien anwenden

Kennzeichnungen in diesem Arbeitsheft:

S. 262 Verweis zum Schülerbuch

Teste dich ! Hier kannst du dein Wissen testen.

Checkliste ✓ Hier findest du noch einmal die wichtigsten Schritte im Überblick.

Welche Schulfächer brauchen wir?

Argumentieren im Anschluss an einen Sachtext

S. 28

Du erhältst folgende Aufgabe:
Immer wieder wird in der öffentlichen Diskussion die Frage gestellt:
Sollte man Schulfächer, die nicht direkt auf den späteren Alltag vorbereiten, infrage stellen?

Auch der Autor des Textes „Schönheit muss man lernen“ bezieht Stellung zu dieser Frage.
– Setze dich schriftlich mit der Argumentation des Autors in diesem Text auseinander.
– Verdeutliche auch deinen eigenen Standpunkt und untermauere ihn mit Argumenten.

Material 1 **Schönheit muss man lernen** *Ulrich Greiner*

Naina, so nennt sich eine Siebzehnjährige aus Köln, hat eine veritable[1] Bildungsdebatte ausgelöst, als sie im Netz bekannte, Gedichte analysieren zu können, aber keine Ahnung „von Steuern, Miete oder Versicherungen“ zu haben. Unsere Bildungsministerin Johanna Wanka[2] hat denn auch mitteilen lassen, sie finde Nainas Beitrag erfreulich und sei dafür, „in der Schule stärker Alltagsfähigkeiten zu vermitteln“. Da war er wieder, der ewige Vorwurf, dass die Schule nicht auf das Leben vorbereite, sondern die armen Kinder mit unnützen Gedichten behellige.
Was ist nützlich? Diese Frage beschäftigt Naina, sie beschäftigt auch die bestallten[3] Pädagogen und die Eltern. Die Antwort ist klar: Lesen, Schreiben, Rechnen in der Grundschule; Naturwissenschaften und Ökonomie[4] an den Gymnasien, dazu Verkehrssprachen wie Englisch und Spanisch. Sozialkunde ist von Vorteil, Sport lüftet den Kopf. Alles, was anwendbar ist und ertüchtigt, erscheint uns als nützlich. Und was spräche dagegen, den Schülern beizubringen, wie man eine Steuererklärung macht?
Ob die These von einer immer komplexeren Lebenswelt wirklich zutrifft, ist gar nicht die Frage. Das Gefühl, es verhalte sich so, ist dominant[5], und es bestimmt das Aufgabenfeld der Schule. Dieses vergrößert sich ständig. Kulturtechniken wie der Umgang mit dem Computer und dem Netz, mit Medien, Mode und Werbung sind Themen der Curricula[6]. Die Schule dient der Vorbereitung auf den Beruf, und die meisten Berufe, in denen man Geld verdienen kann, erfordern technisch-ökonomische sowie kommunikative Fertigkeiten.
Wo aber bleibt das Schöne? Eine seltsame Frage, die heute kaum jemand mehr versteht. In den alten Schulen jedoch, wo man Griechisch und Latein, Musik und Kunst studierte, wo man Homer und Shakespeare, Horaz und Molière[7] las, wo man Gedichte von Schiller oder Mörike auswendig lernte, war das gar keine Frage. Es gehörte dazu. […] [Ich] rede […] von der Nützlichkeit des Unnützen.
So lautet der Titel einer Streitschrift des italienischen Literaturprofessors Nuccio Ordine […]. In der Einleitung schreibt er, er wolle den Begriff der Nützlichkeit „in einem anderen, viel universelleren Sinn verstehen und darüber nachdenken, was es mit der Nützlichkeit jenes Wissens auf sich hat, dessen Wert vollkommen losgelöst ist von jeder Zweckbestimmtheit“. Ordine wendet sich gegen das ökonomische Nützlichkeitsden-

1 veritabel: *hier* ernstzunehmend
2 Johanna Wanka: Bundesministerin für Bildung und Forschung 2013–2018
3 bestallt: *altertümlich* für eingesetzt
4 die Ökonomie: die Wirtschaft
5 dominant: vorherrschend
6 das Curriculum: der Lehrplan
7 Homer, Shakespeare, Horaz und Molière: berühmte Schriftsteller

ken, und er befürchtet, dass es „nach und nach unser Erinnerungsvermögen auslöschen und damit den Geisteswissenschaften und den alten Sprachen den Garaus machen wird, ebenso wie der Fantasie und der Kunst".

Wie weit dieses Denken in unsere Köpfe vorgedrungen ist, erkennt man daran, dass sich die scheinbar nutzlosen Fächer mit unmittelbaren Zwecken rechtfertigen. Latein, so die Begründung, diene dem Erlernen grammatischer Strukturen und erleichtere den Erwerb des Englischen. Frühzeitige Musikerziehung sei gut für den Mathematikunterricht. Kunstunterricht stabilisiere die Psyche. Wer so argumentiert, begibt sich in eine Begründungsfalle, aus der er nicht mehr herauskommt. Denn leicht ließe sich entgegnen, Latein sei ein Umweg, die Zeit für das Übersetzen von Horaz wäre besser verwendet, wenn man sie gleich ins Englische investierte. [...]

Ein Lehrer des Altgriechischen, den ich einmal fragte, wie man sein Fach begründen könne, entgegnete: „Das können Sie gar nicht begründen, es ist schön!" Es fällt übrigens auf, dass die Freunde der alten Sprachen nur noch für eine halbierte humanistische Bildung[8] eintreten. Griechisch spielt fast keine Rolle mehr. Das Schöne kann man nicht begründen, es ist evident[9]. Wer ihm begegnet, sieht sich überwältigt, er will davon erzählen. Wer Mozart zum ersten Mal hört oder Botticelli[10] zum ersten Mal sieht, wer die vollkommene Rundung des Pantheons[11] betritt, wird, wenn er nicht vollkommen stumpf ist, eine Ahnung davon bekommen, was Schönheit ist. Das heißt aber auch: Man muss ihr begegnen, sie erkennen können. Das erfordert historische Kenntnis, ein geübtes Auge und Ohr. Darauf hinzuwirken sollte gute Schulen beschäftigen. [...]

Schönheit [...] lässt sich lehren und erlernen. Das ist auch deshalb notwendig, weil die Konsumwelt mit ihren Verheißungen lockt. Was als schön zu gelten hat, zeigen uns die Produzenten, indem sie uns mit Waren versorgen, deren Schönheit mit dem Preis zu- und mit ihrer Marktpräsenz abnimmt. Schön ist nur das je Allerneueste. Näher betrachtet, handelt es sich bloß um das Gefällige. Das Gefällige ändert sich, das Schöne bleibt. [...]

Vielleicht hat es noch nie eine Zeit gegeben, in der das Schöne solcher Verachtung und Wut ausgesetzt war. Schönheit jedoch verlangt von uns, die Welt mit Ehrfurcht und Aufmerksamkeit zu betrachten. Ob ihr Studium dazu beitragen kann, uns zu besseren Menschen zu machen, wie Literaturprofessor Nuccio Ordine glaubt, ist ungewiss. Sicherlich macht es uns klüger, und deshalb sind die scheinbar unnützen Schulfächer, die es derzeit schwer haben, so wichtig. Und was Steuern sind, wird Naina früh genug lernen.

Aus: „Die Zeit" vom 28.01.2015

8 die humanistische Bildung: hier Schulunterricht, der auf eine umfassende Bildung Wert legt
9 evident: offensichtlich
10 Botticelli: Sandro Botticelli (1445–1510), italienischer Maler
11 das Pantheon: antikes Bauwerk in Rom

1 Fasse die Position des Autors kurz zusammen.

Ulrich Greiner kritisiert ____________________

____

Der Autor fordert ____________________

____

2 a) Gliedere den Text in Einleitung, Hauptteil und Schluss und notiere die Zeilenangaben.
b) Notiere in Stichpunkten, worum es in der Einleitung und im Schluss des Textes geht. Schreibe ins Heft.

Einleitung (Z. ____ – Z. ____) Hauptteil (Z. ____ – Z. ____) Schluss (Z. ____ – Z. ____)

3 Untersuche den Hauptteil des Textes genauer. Notiere für jeden Absatz des Hauptteils die Aussagen und Argumente, die der Autor anführt, in Stichpunkten.

1. Absatz: ___

2. Absatz: ___

3. Absatz: ___

4. Absatz: ___

5. Absatz: ___

6. Absatz: ___

7. Absatz: ___

8. Absatz: ___

9. Absatz: ___

4 a) Unterstreiche die Stellen im Text von Ulrich Greiner, wo er die Einschätzung von anderen (Autoritäten) wiedergibt.
b) Markiere in einer anderen Farbe alle Gegenargumente, die der Autor gegen seine eigene Position anführt.

5 a) Untersuche die sprachliche Gestaltung des Textes genauer: Welche der folgenden sprachlichen Mittel nutzt der Autor in seiner Argumentation? Unterstreiche sie im Wortspeicher und markiere sie im Text.

Vergleich • Metapher • (rhetorische) Frage • Hyperbel (starke Übertreibung) • Personifikation • Inversion (Umkehrung der Wortstellung im Satz) • Alliteration • Aufzählung • Parallelismus

b) Welche mögliche Wirkung soll damit deiner Meinung nach erzielt werden?
Notiere zwei verschiedene Beispiele und erläutere die jeweilige Wirkung in Stichpunkten.

1.

2.

6 Formuliere deinen eigenen Standpunkt zur Ausgangsfrage:
Sollte man Schulfächer, die nicht direkt auf den späteren Alltag vorbereiten, infrage stellen?

Aus meiner Sicht

Das Thema vertiefen

Die folgenden Materialien 2–4 helfen dir, Argumente für und gegen die Position des Autors von Material 1 (→ S. 4 f.) zu finden.

Material 2 Welche Fächer sollten in der Schule gelehrt werden? (Angaben in %)

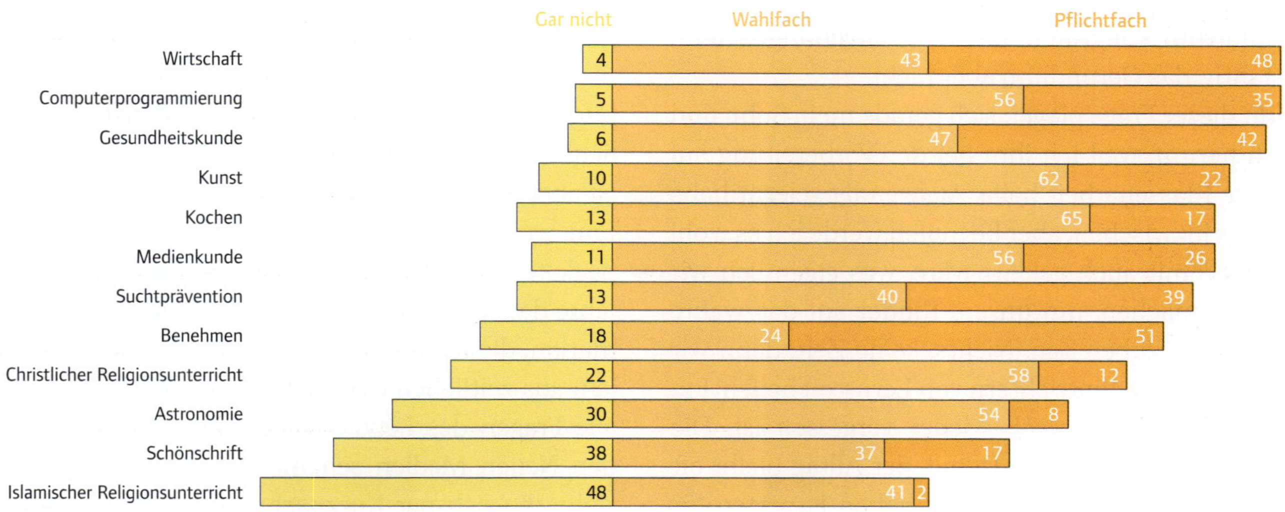

Quelle: YouGov/yougov.com, 2015

Material 3 Welches Schulfach halten Sie ganz allgemein für das wichtigste? (% der Befragten)

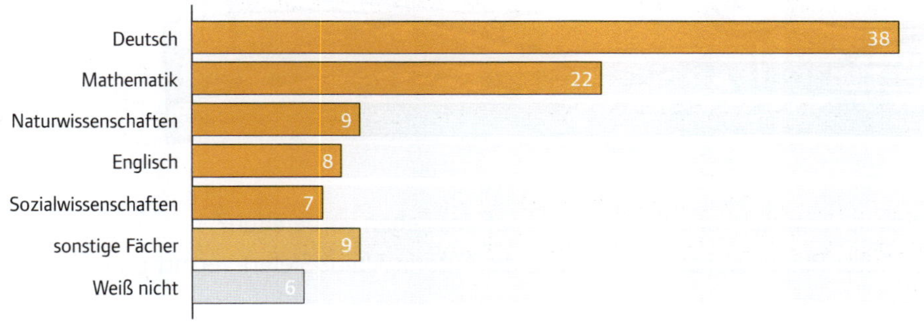

Quelle: YouGov/yougov.com, 2016

1. a) Werte die beiden Diagramme aus. Notiere Stichpunkte in deinem Heft.
   b) Formuliere mithilfe der Informationen aus den Diagrammen zwei vollständige Argumente (Begründung, Beispiel/Beleg), die dem Standpunkt von Ulrich Greiner widersprechen. Schreibe in dein Heft.

Aus meiner Sicht

da

Dies zeigt z. B. eine Umfrage, bei der ...

Hinzu kommt, dass ...

So wird beispielsweise ...

Material 4 Pro & Kontra: Muss die Schule besser auf das Leben vorbereiten?

PRO Der Alltag bleibt oft außen vor

Rainer Wehaus

Was ist in Latein der Unterschied zwischen einem attributiv verwendeten Gerundivum und einem Gerundium? Nun, es ist ein rein formaler: Das Gerundivum kongruiert mit dem zugehörigen Substantiv, das Gerundium aber nicht.

Mit dieser Frage plagen sich gerade mein Sohn und ich herum, weil ich ihm bei der Vorbereitung auf seine Klassenarbeit helfe. Auswendig gelernt habe ich es inzwischen, aber begreifen werde ich es wohl nie. Womit auch geklärt wäre, was eigentlich wir Eltern machen, um unsere Kinder auf das wahre Leben vorzubereiten. Nichts, keine Zeit, denn wir müssen beim Eintrichtern von Lernstoff helfen! Ein Stoff, der meist rasch wieder vergessen ist. Die Schule verliert sich im Detail, der Alltag bleibt oft außen vor, den Bildungsplan haben Experten für Experten gemacht. Nur wenigen Lehrern gelingt es, die Kluft zwischen althergebrachtem Lehrstoff und dem Leben im Hier und Jetzt mit gutem Unterricht zu überbrücken. Für das Leben lernen wir? Von wegen! Wir leben für das Lernen.

KONTRA Das Leben ist die beste Schule

Almut Siefert

Nach der Schullaufbahn beginnt es, das wahre Leben: Herzlich willkommen! Dass man beim Eintritt darin vor so mancher Unbekannten steht, tja, das gehört nun mal dazu. Und dass die Schule einen nicht genug auf dieses Leben vorbereitet, ist Humbug. Man lernt dort mehr, als man denkt. Pünktlichkeit zum Beispiel. Steht auf keinem Lehrplan, ist aber eine der ersten Lektionen.

Eine weitere, die quasi die gesamte Schullaufbahn begleitet, egal ob sie nun zehn, zwölf oder dreizehn Jahre dauert, lautet: Wie komme ich an eine Information, die ich nicht habe. Das ist clever, denn allein aus zeitlichen Gründen kann die Schule nicht alle Fragen des Lebens klären. Den Umgang mit den Neuen Medien scheint die junge Dame aus Köln, die sich per Kurznachrichtendienst Twitter über das Schulsystem echauffiert hat, zu beherrschen. Wer twittern kann, kann auch Begriffe wie *Provision* und *Kaution* bei Google eingeben.

Und wie heißt es so schön: Das Leben ist doch die beste Schule.

2 Muss die Schule mehr Alltagsfähigkeit vermitteln und damit besser auf das Leben vorbereiten? Notiere kurz, welche Position der Autor Rainer Wehaus und welche die Autorin Almut Siefert vertritt und wie sie ihre Ansicht begründen.

Rainer Wehaus: ______________________

____

Almut Siefert: ______________________

____

3 Lege in deinem Heft eine Pro-Kontra-Tabelle an, in die du alle Pro- und Kontra-Argumente zur Ausgangsfrage aus den Materialien 1–4 einträgst.

Sollte man Schulfächer, die nicht direkt auf den Alltag vorbereiten, infrage stellen?

Pro	Kontra
...	...

Argumente aufgreifen, verstärken und entkräften

S. 34

1 Greife folgendes Argument Ulrich Greiners aus Material 1 auf, indem du …
A … seine Aussage in der indirekten Rede wiedergibst.
B … seine Aussage in eigenen Worten umschreibst.

Das Schöne kann man nicht begründen, es ist evident. Wer ihm begegnet, sieht sich überwältigt, er will davon erzählen. (S. 5, Z. 43 f.)

A *Ulrich Greiner erklärt, das Schöne* __________

____

____

B *Ulrich Greiner ist der Ansicht, dass* __________

____

____

2 a) Verstärke folgendes Argument von Rainer Wehaus aus Material 4.
Nutze die Formulierungshilfen im Wortspeicher.

Die Schule verliert sich im Detail, der Alltag bleibt oft außen vor, den Bildungsplan haben Experten für Experten gemacht. (S. 8, Z. 14 ff.)

> Auch ich bin der Meinung, dass … • Besonders wichtig ist/erscheint … • Entscheidend ist … • Noch wichtiger ist aus meiner Sicht … • Zentral scheint mir zu sein, dass … • Am deutlichsten wird dies … • Noch schwerer wiegt … • … führt in ihrem Text aus, wie wichtig … • Das kann ich nur unterstreichen, denn …

____

____

____

b) Entkräfte das Argument von Rainer Wehaus. Nutze die Formulierungshilfen in folgendem Wortspeicher:

> Obwohl … der Ansicht ist/sind, dass … • … meint zwar, dass … • Allerdings … • … ist der Auffassung, dass …, doch … • Es ist zwar nachvollziehbar, dass …, aber viel entscheidender ist, dass … • Dem kann man entgegenhalten, dass … • Dieser Ansicht kann ich einerseits zustimmen …, weil …, allerdings bin ich andererseits der Meinung, dass …, da …

____

____

____

Einen argumentativen Text verfassen

S. 36

1 Setze dich nun in einer schriftlichen Argumentation mit dem Text von Ulrich Greiner (→ Material 1, S. 4 f.) auseinander. Gehe so vor:

a) Formuliere zunächst mithilfe der Hinweise in der Checkliste auf der nächsten Seite eine **Einleitung** für deine Argumentation.
Nutze bei Bedarf die möglichen Textanfänge im Wortspeicher:

Welche Schulfächer brauchen wir? Diese Frage … • Sind Latein-, Griechisch- oder Kunstunterricht noch zeitgemäß? Oder … • Wirtschaft, Computerprogrammierung und Benehmen anstelle von Kunst und Musik? … • Immer wieder wurde in den vergangenen Jahren diskutiert, ob …

b) Setze dich im **Hauptteil** deines argumentativen Textes zunächst mit dem ersten Teil des Textes von Ulrich Greiner auseinander (Z. 1–32).
Orientiere dich dabei an der folgenden Textplanung am Rand und ergänze die angefangenen Sätze.
Nutze auch die Hinweise in der Checkliste auf Seite 11. Schreibe in dein Heft.

Ulrich Greiner geht zu Beginn seines Textes auf den Tweet einer Schülerin ein, die …	Einstieg mit Rückblick: Bildungsdebatte ⇩
Der Autor wirft damit die Frage auf, was …	Thematisierung der Kernfrage ⇩
Mit der rhetorischen Frage, was eigentlich dagegenspräche, den Schülerinnen und Schülern beizubringen, wie man eine Steuererklärung macht (vgl. Z. 14 f.), greift Greiner kurz ein Gegenargument auf, ohne weiter darauf einzugehen.	Aufgreifen eines Gegenarguments ⇩
Stattdessen stellt er dem Gedanken der Nützlichkeit den Gedanken der Schönheit gegenüber. Diesen sieht er …	Darstellung des Hauptarguments ⇩
Als Beleg für seine Sicht führt Ulrich Greiner …	Beleg der eigenen Ansicht mit Streitschrift eines Literaturprofessors ⇩
Aus meiner Sicht ist die Argumentation von Ulrich Greiner …	Formulierung des eigenen Standpunkts

c) Setze deine Auseinandersetzung mit dem Rest des Textes von Ulrich Greiner in ähnlicher Weise fort. Schreibe in dein Heft.

2 Schreibe den **Schlussteil** deines argumentativen Textes.
Berücksichtige dabei die Hinweise in der Checkliste und nutze die Formulierungshilfen im Wortspeicher.

Ich möchte zum Schluss noch einmal hervorheben, wie wichtig meiner Meinung nach … •
Nach Abwägung aller genannten Argumente appelliere ich an …

Checkliste	**Argumentieren im Anschluss an einen Sachtext**
Aufbau	✓ **Einleitung:** Stelle einen **aktuellen Bezug** her, benenne **Autor/-in** und **Titel** des Textes und gegebenenfalls die **Quelle**. Gehe dann auf die **strittige Frage** ein und gib die **Hauptaussage** des Textes in eigenen Worten wieder. ✓ **Hauptteil:** Setze dich mit den **Argumenten des Textes auseinander**, indem du sie aufgreifst und in eigenen Worten wiedergibst, sie mit deiner Position verknüpfst und verstärkst und/oder entkräftest. Formuliere deinen Standpunkt zur Fragestellung. ✓ **Schluss:** Bringe im Schlussteil deinen **Standpunkt noch einmal zusammengefasst auf den Punkt**. Du kannst auch einen **Appell an die Leser/-innen** des Textes richten.
Sprache	✓ Schreibe im **Präsens**. Verwende für weiter zurückliegende Ereignisse, auf die im Text eingegangen wird, das Präteritum. ✓ Formuliere **sachlich** und vermeide umgangssprachliche Ausdrücke. ✓ Gib **Aussagen des Textes in der indirekten Rede** wieder oder **umschreibe** sie.

Traumjobs und andere Berufe

Materialgestützt informieren

S. 56

Stelle dir folgende Situation vor:
Zur Vorbereitung des Berufspraktikums erstellt ihr in der Klasse eine Praktikumsmappe mit Informationen zu verschiedenen Handwerksberufen. Du sollst in dieser Mappe den Beruf der Konditorin / des Konditors vorstellen. Die folgenden Materialien helfen dir, passende Informationen zu diesem Beruf zu finden.

?

!

1 Was weißt du bereits über den Beruf der Konditorin / des Konditors? Was würdest du gerne wissen? Notiere Informationen und Fragen oben in Stichpunkten.

2 Kläre die Schreibaufgabe. Notiere Stichpunkte zu folgenden Fragen:

Wer sind die Adressatinnen/Adressaten deines Textes?

Welchen Zweck soll dein Text erfüllen?

3 Die Oberbegriffe in der folgenden Mindmap geben dir eine Orientierung bei der Textauswertung.
a) Markiere die Oberbegriffe in unterschiedlichen Farben.

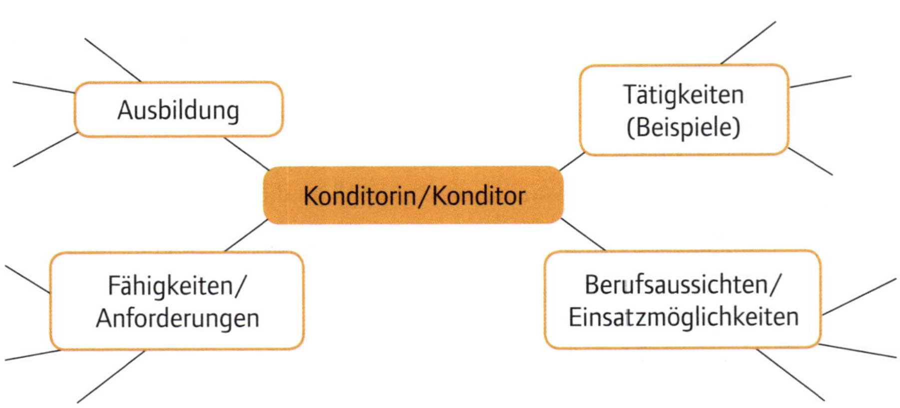

b) Markiere in den Materialien 1–7 die Informationen zu den einzelnen Oberbegriffen mit den Farben, die du in der Mindmap verwendet hast. Mache bei Bedarf auch Notizen am Textrand in der jeweiligen Farbe.

c) Übertrage die Mindmap in dein Heft und notiere alle Informationen, die du für deinen Text verwenden willst.

Material 1 Die Ausbildung zur Konditorin / zum Konditor

Ausbildungsdauer: 3 Jahre
Zugangsvoraussetzungen: Geschicklichkeit und Sinn für Ästhetik, Verantwortungsbewusstsein, gute körperliche Verfassung, Stärken in den Schulfächern Mathematik, Chemie und Kunst
Ausbildungsform: entweder schulische Ausbildung an einer Berufsfachschule oder duale Ausbildung im Betrieb und in der Berufsschule
Prüfung: Gesellenprüfung nach Abschluss der Ausbildung; wird von der Handwerkskammer abgenommen
Berufsaussichten: Konditorinnen und Konditoren arbeiten vorwiegend in Konditoreien, sogenannten Confiserien oder Feinbäckereien; es gibt aber auch die Möglichkeit, in der Nahrungsmittelindustrie oder in einer Großbäckerei zu arbeiten. Eine weitere Möglichkeit ist der sogenannte Patisserie-Bereich (verantwortlich für die Dessert-Position) in Restaurants oder Hotels.
Um sich selbstständig zu machen, benötigt man eine Meisterprüfung.

Material 2 Die Ausbildung zur Konditorin / zum Konditor

6 Uhr: Dein Tag beginnt. Heute steht einiges an. Gestern war die letzte Besprechung vor dem großen Auftrag, den du heute mit deinem Team erledigen wirst. Ein Freizeitpark feiert sein 25-jähriges Jubiläum und hat in deiner Konditorei eine Riesentorte in Auftrag gegeben. Nachdem alle Details mit dem PR-Manager des Parks abgesprochen sind, kann es heute losgehen, denn morgen Mittag soll die 2,50 m lange und 1,30 m breite Torte im Kühlwagen verfrachtet und pünktlich zur Jubiläumsfeier im Freizeitpark geliefert werden.
Als du die Konditorei betrittst, sind die Konditormeister schon im Stress. Ein so großer Auftrag ist nicht nur wirtschaftlich von großer Bedeutung für deinen Betrieb, sondern auch organisatorisch sehr anspruchsvoll und aufwendig. Mit den anderen Konditorgesellen stellst du die Rohmasse für die Teigschichten her. Dazu gibst du riesige Mengen Mehl, Zucker und Butter in die große Rührmaschine, schlägst palettenweise Eier auf und fügst etwas Salz hinzu. Nachdem du den Teig auf den riesigen Blechen glatt gestrichen hast, stellst du Temperatur und Zeit am Ofen ein.
In der Zwischenzeit assistierst du deinen Kollegen, die sich schon an die Creme begeben haben. Eine süße Blaubeer-Buttercreme sorgt für den guten Geschmack und verbindet die drei Teigschichten miteinander. Kiloweise rührst du Butter und Vanillepudding mit der Rührmaschine und fügst nach und nach weitere Zutaten hinzu. Erst ganz am Ende werden die frischen Blaubeeren daruntergegeben. Bei der Größe der Schichten braucht es mehrere Hände, um die fertig gebackenen Teigflächen übereinanderzustapeln. Das „Grundgerüst" der gigantischen Torte steht. Du bist erleichtert.
Doch nun geht es mit der künstlerischen Gestaltung weiter, und die erfordert nicht nur handwerkliches Geschick, sondern auch ein gutes Auge und ein kreatives Köpfchen. Der Freizeitpark soll mit seinen zehn Hauptattraktionen mit Marzipan, Baisermasse und Schokolade abgebildet werden. Nachdem deine Kollegen das hügelige Terrain des Parks mithilfe von Teigresten nachgebildet haben, färbst du mit Lebensmittelfarbe Cremes, um Wiesen, Wege und Teichanlagen nachzubilden. Nun kommt der schwierigste Teil: Achterbahnen, Wildwasserbahn, Riesenrad und Geisterbahn aus Marzipan! Mit Rührmaschine, Messer, Pinsel, Spritzbeutel und jeder Menge Geduld und Neven geht es an die Arbeit. Nach einigen Stunden stehen die Kunstwerke auf dem Tisch und es werden die letzten Verzierungen angebracht.
Morgen wirst du alles auf der obersten Tortenschicht mithilfe von Kuvertüren, Tortengüssen und Zuckermasse so fest wie möglich anbringen und die Torte für den Transport sicher verstauen. Was für ein Tag! Nun heißt es: Daumen drücken, dass auch der Kunde zufrieden ist. Du und dein Team seid es allemal.

Material 3 „Viele wollen diesen Beruf erlernen" – Interview *Christine Persitzky*

Backen liegt im Trend. Darum sorgt sich die Konditoren-Innung Berlin nicht um Nachwuchs. Ein Gespräch mit der Geschäftsführerin.

Frau Melillo, wie ist die wirtschaftliche Lage der Konditoreien in Berlin? Hat das Handwerk auch hier den sprichwörtlich goldenen Boden?

Anika Melillo: Pauschal lässt sich das schwer sagen. Manchen Vollsortiment-Konditoreien geht es recht gut. Andere leiden unter dem Preiskampf mit Billiganbietern. Der Preisdruck ist enorm im Lebensmittelhandwerk. Wir merken aber, dass langsam ein Umdenken einsetzt und auch die Kunden von selber merken: Eine Erdbeerschnitte für einen Euro – das kann es nicht geben.

Was können die Konditoreien also tun?

Anika Melillo: Die Betriebe, die umgeschwenkt sind, die auf Regionalität, Qualität, vielleicht sogar auf Bio setzen, die ihr Sortiment eingeschränkt haben und sagen, die Produkte, die ich anbiete, die sollen hochwertig sein, die schaffen es meistens besser. Ein Beispiel sind Betriebe, die sich auf Hochzeitstorten spezialisiert haben: Während die normale Konditorei im Winter besser läuft, haben Hochzeiten von April bis September Hochkonjunktur. Mit Hochzeitstorten lässt sich also häufig das Sommerloch schließen.

Wie sieht der Stellen- und Ausbildungsmarkt aus?

Anika Melillo: Es kommt darauf an, was man möchte. Wenn man als Geselle flexibel ist und beispielsweise auch eine Tätigkeit mit Nachtschichten akzeptiert, hat man keine Probleme, eine Arbeitsstelle zu finden. Bei den Auszubildenden geht es bei Angebot und Nachfrage gerade ziemlich gut auf. Backen ist ja im Trend, und viele wollen diesen Beruf erlernen. Es gibt aber genügend Ausbildungsplätze.

Manche machen nach der Ausbildung auch gleich noch ihren Meister. Warum eigentlich?

Anika Melillo: Viele nutzen den Elan nach der Gesellenprüfung und hängen die Meisterausbildung gleich noch hintendran. Denn wenn ich mich später selbstständig machen und eine Konditorei eröffnen möchte, ist die Meisterprüfung dafür die Voraussetzung.

Inwiefern ist das Voraussetzung?

Anika Melillo: Die Konditorei ist ein in der Handwerksrolle eingetragenes geschütztes Handwerk. Damit muss jeder, der sich selbstständig machen und Produkte nach draußen verkaufen will, selber Konditormeister sein, einen Meister eingestellt haben oder die Produkte von einem Meisterbetrieb herstellen lassen.

Vegan, glutenfrei, weniger Zucker: Machen die Konditoreien alle Trends mit?

Anika Melillo: Viele Betriebe bieten entsprechende Produkte an, entweder als Ergänzung zum normalen Sortiment oder ausschließlich, als Spezialisierung. Und wir als Konditoren-Innung bieten in unserer Sommerakademie auch entsprechende Weiterbildungskurse und Workshops an.

Kann jemand, der Veganer oder Allergiker ist, trotzdem eine Ausbildung zum Konditor machen? Muss man nicht alles probieren?

Anika Melillo: Wir haben ja auch muslimische Auszubildende, da geht es dann um die Verwendung von Alkohol oder die richtige Gelatine. Die Auszubildenden müssen die Produkte herstellen können, sie müssen sie nicht zwangsläufig testen. Es kommt auf den Ausbildungsbetrieb an. In solchen Fällen kann man aber immer auch mit uns, der Innung, reden.

Material 4 Konditor/-in: Ausbildungsanfänger/-innen 2016 (in %)

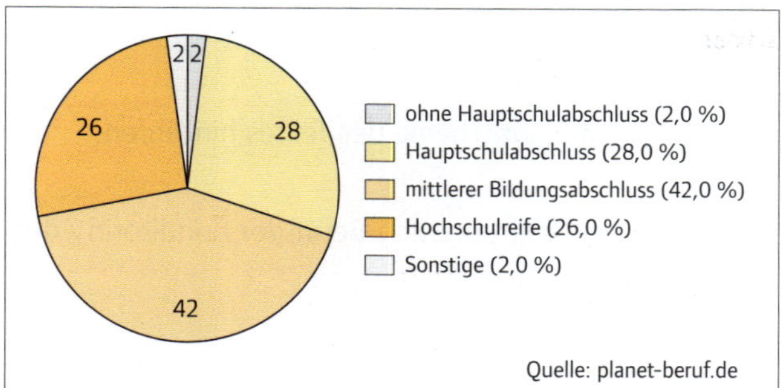

Quelle: planet-beruf.de

Material 5 Konditor/-in: Durchschnittliche Ausbildungsvergütung

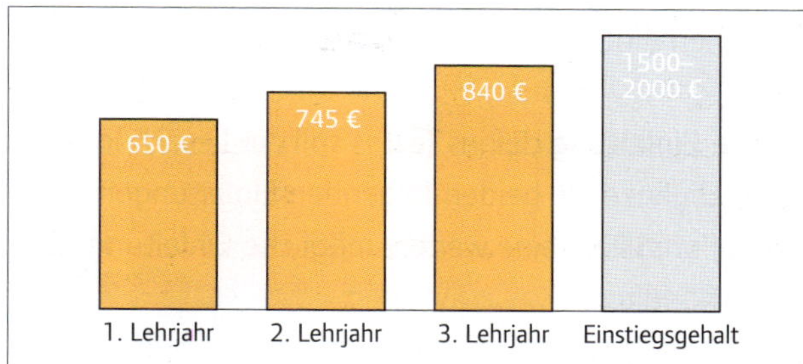

Quelle: www.ausbildung.de

Material 6 Als Konditorlehrling zu „Harrods" nach London

Normalerweise arbeitet sie als Konditorlehrling im 3. Lehrjahr im Kaffeehaus Gräfe in Eisenberg. Vom 9. bis 27. Januar wird sie nun als erste Ostthüringerin ein Auslandspraktikum im berühmten Londoner Einkaufstempel absolvieren. Möglich macht dies ein Stipendium, das die Handwerkskammer organisiert hat. [...] Hendrike liebt und lebt ihren Beruf. Das spürt man sofort im Gespräch. Doch eigentlich sollte ihr Berufsweg ganz anders aussehen. Nach dem Abitur begann sie ein Studium für Kunstgeschichte in Leipzig. „Ich habe jedoch schnell gemerkt, dass dies nicht meine Erfüllung ist", gibt sie unumwunden zu. Durch ein Praktikum in einer Patisserie in Leipzig kam sie im wahrsten Sinne des Wortes auf den Geschmack und begann schließlich vor zwei Jahren ihre Ausbildung zur Konditorin im Eisenberger Kaffeehaus Gräfe. Künstlerisch und geschmacklich kreativ zu sein – das ist für Henrike die spannende Kombination, die das Konditorenhandwerk in Perfektion bietet.

Die Offerte[1] für ein Auslandspraktikum bei Harrods gab es bereits in ihrem 1. Lehrjahr. Doch Hendrike musste sich gedulden. „Schließlich ist jeder Azubi, der im Ausland ein Praktikum absolviert, auch ein Aushängeschild für das Handwerk in Ostthüringen", erklärt Andreas Jörk, Mobilitätsberater der Handwerkskammer. „Gerade in einem so renommierten Haus wie Harrods ist es wichtig, dass auch umfassende fachliche Kenntnisse vorhanden sind." Diese eignete sich Hendrike mittlerweile an und wird Ostthüringen sicherlich würdig in London vertreten. [...]

Material 7 Ein Konditor lebt von der Kreativität – Interview *Sarah Brasach*

Werfen Ihnen Kunden häufig vor, Sie hätten einen Traumjob?

Hans Curtius (Konditormeister): Viele denken und sagen: Ihr Arbeitsplatz ist doch ein Schlaraffenland. Aber die meisten würden den Job letztlich doch nicht machen wollen, vor allem wegen der Arbeitszeiten. Viele stellen sich den Beruf zu einfach vor. Auch Lehrlinge, die sich bewerben. Die schreiben dann in der Bewerbung: Ich habe schon immer gerne gebacken. Da möchte ich schon Bewerbungen sehen, in denen sieben oder acht Fotos sind von Kuchen und Torten, die sie gemacht haben.

Wie sind denn die Arbeitszeiten?

Hans Curtius: Eigentlich ganz human, von 6 bis 14 Uhr. Das aber an sechs Tagen in der Woche. [...]

Was macht einen guten Konditorlehrling aus?

Hans Curtius: Kreativität. Das Gefühl, wie eine gute Torte aussehen muss. [...]

Was hat sich im Laufe Ihres Berufs verändert?

Hans Curtius: Früher gab es keinen Erdbeerkuchen im Winter. Heute ist das kein Problem. [...] Und es gab immer wieder Moden: In den 70er- und 80er-Jahren, da wurde alles rustikal gebacken, mit aufgeplatzten Krusten, braun und knusprig. Weil die Käufer dachten, das wäre besonders natürlich. Und damals gab es noch nicht diese Sortenvielfalt. Ich habe heute 25 Brötchensorten im Programm inklusive Croissant und Laugenstangen. Früher gab es Mohn, Sesam und normal, das war's. [...]

1 die Offerte: das Angebot

4 Mithilfe der Stichpunkte in deiner Mindmap (→ S. 12) kannst du einen materialgestützten Text über den Beruf der Konditorin / des Konditors verfassen.
Nummeriere die Oberbegriffe in deiner Mindmap in der Reihenfolge, in der du auf die einzelnen Aspekte eingehen möchtest.

5 Die **Einleitung** deines Textes soll die Leser/-innen neugierig machen und zum Thema des Textes hinführen.
a) Ergänze die beiden folgenden Einleitungen in deinem Heft.
b) Formuliere eine weitere mögliche Einleitung für einen informierenden Text über den Beruf der Konditorin / des Konditors.
c) Kreuze die Einleitung an, die du für deinen Text nutzen möchtest.

☐ A *Kochen und Backen liegen im Trend. Viele, die einen klassischen Handwerksberuf suchen und sich für den Beruf der Konditorin / des Konditors interessieren, haben allerdings häufig keine genaue Vorstellung davon, was … Deshalb …*

☐ B *Wer eine Konditorei betritt … Eine Ausbildung zur Konditorin / zum Konditor erfordert vor allem … Um ein Bild von diesem klassischen und gleichzeitig modernen Handwerksberuf zu vermitteln …*

____

____

____

6 Im **Hauptteil** deines informierenden Textes stellst du die einzelnen Aspekte des Themas in einer selbst gewählten Reihenfolge dar. Dabei musst du auf einen sachlich-informierenden Schreibstil achten.
a) Überarbeite den folgenden Hauptteil aus einem informierenden Text über den Beruf der Konditorin / des Konditors, indem du unsachliche und unpassende Formulierungen markierst.

Wer Konditorin / Konditor werden will, sollte auf jeden Fall in stressigen Situationen cool bleiben können, denn total oft müssen verschiedene Sachen gleichzeitig gemacht werden – und das auch noch unter einem enormen Zeitdruck! Wer keine Lust hat, mit anderen zusammenzuarbeiten, sollte auf gar keinen Fall Konditorin / Konditor werden, denn in der Backstube wird eigentlich immer im Team gearbeitet. Einzelkämpfer oder Leute, die schon in der Schule Gruppenarbeit gehasst haben, sollten sich also besser woanders umschauen.

b) Formuliere die markierten Textstellen so um, dass du sie in deinem Text verwenden könntest.

____

____

____

____

____

____

____

7 a) Die Verfasserin / Der Verfasser des folgenden Textausschnitts hat zwei Grundsätze des informierenden Schreibens missachtet. Kreuze an, gegen welche Grundsätze sie/er im Einzelnen verstoßen hat.
b) Überarbeite den Textausschnitt in deinem Heft.

Von einer Konditorin / einem Konditor werden Zutaten ausgewählt, mit denen dann die sogenannten Konditoreiprodukte hergestellt werden. Außerdem werden von einer Konditorin / einem Konditor die Zutaten abgewogen, gemischt, der Teig wird portioniert und geformt. Oft werden die Konditorinnen und Konditorinnen auch bei der sogenannten Warenpräsentation eingesetzt und sie wirken eigentlich immer bei der Beratung der Kunden mit.

Einfachheit
- ☐ Verwende kurze, klare Sätze und vermeide Schachtelsätze.
- ☐ Nutze geläufige, allgemein verständliche Wörter.
- ☐ Verzichte auf überflüssige Passivkonstruktionen.

Genauigkeit
- ☐ Nutze verständliche Fachbegriffe.
- ☐ Verzichte auf wertende Formulierungen.
- ☐ Vermeide Füllwörter und Floskeln.
- ☐ Vermeide nichtssagende Verben wie *machen*.

8 Verfasse nun selbst einen zusammenhängenden Hauptteil für deinen informierenden Text über den Beruf der Konditorin / des Konditors. Schreibe in dein Heft.

9 Schreibe anhand der Hinweise in der Checkliste einen passenden Schlussteil für deinen Text in dein Heft.

Checkliste ✓	Materialgestützt informieren
Die Schreibaufgabe klären	✓ Mache dir klar, was das genaue **Thema** deines Textes ist. ✓ Kläre für dich, wer die **Adressatinnen/Adressaten** deines Textes sind und welchen **Zweck** dein Text erfüllen soll.
Materialien auswerten	✓ Setze im Hinblick auf die Adressatinnen/Adressaten und den Zweck deines Textes **inhaltliche Schwerpunkte**. ✓ **Formuliere Oberbegriffe zu diesen Schwerpunkten** und notiere sie, z. B. in Form einer Mindmap. ✓ Werte die Materialien mithilfe der inhaltlichen Schwerpunkte (Oberbegriffe) aus: **Markiere passende Textstellen** und **notiere Wichtiges**, z. B. in deiner Mindmap. ✓ Entscheide, in welcher Reihenfolge du in deinem Text auf die einzelnen Informationen eingehen willst, und **nummeriere die Oberbegriffe in deiner Mindmap** entsprechend.
Einen informierenden Text verfassen	✓ Formuliere eine **Einleitung**, in der du zum Thema hinführst und die Leser/-innen zum Weiterlesen motivierst. ✓ Stelle im **Hauptteil** die einzelnen Aspekte verständlich und in der geplanten Reihenfolge dar. Achte dabei auf einen sachlichen Sprachstil und vermeide emotionale und wertende Ausdrücke. ✓ Ziehe im **Schlussteil** ein kurzes Fazit. Du kannst auch einen Ausblick auf die zukünftige Entwicklung geben oder eine Empfehlung aussprechen.

Hinter den Bildern

Eine Parabel deuten

S. 80

Die Kanne *Günther Anders (1933)*

Der arm gewordene Basik besaß schließlich nur noch eine Kanne. Übrigens eine sehr gewöhnliche. Mit der er, da er keine Wohnung mehr besaß, spazieren ging.

„Was tust du mit der Kanne?", fragte ihn ein Bekannter.

„Ich habe sie", antwortete Basik.

„Wie bitte?", fragte der Bekannte, und er hielt die hohle Hand hinters Ohr.

„Soll ich sie vielleicht fortwerfen?"

Der Bekannte zuckte mit den Achseln. „Kannst du sie denn brauchen?"

„Aber ich habe sie doch", antwortete unwillig der Kannenmann. „Schließlich kann man nie wissen."

„Hat sie einen Wert?", fragte der Bekannte.

„Natürlich."

„Dann verkauf sie", schlug der Bekannte vor.

„Wer wird mir etwas geben für eine alte Kanne?"

„Also zum Waschen", schlug der Bekannte vor.

„Zum Waschen? Soll ich mich vielleicht hier auf offener Straße waschen?"

„Dann lass sie irgendwo stehen."

Basik sah seinen Freund verständnislos an. „Soll ich mich verdächtig machen? Wo soll ich sie denn verlieren? Hier vielleicht? Auf der Straße? Ist das glaubhaft, dass einer eine Kanne verliert? Würde mich nicht jeder zurückrufen und mit Recht? Schließlich ist es ja wirklich noch eine Kanne."

„Dann verschenk sie", schlug sein Freund vor. Er war unermüdlich.

„Was?", rief Basik, von Neuem verblüfft. „Verschenken? Ist eine Kanne ein Geschenk? Und dann: Wer hätte keine Kanne?"

„Armer Mann!", schloss da der Freund. „Du wirst sie schon weitertragen müssen."

„Das ist so schlimm nicht", fand Basik. „Aber sie? Über die Gott mich als Verwalter gesetzt hat. Was wird aus ihr, wenn einmal ich nicht mehr sein sollte?"

1 „Die Kanne" von Günther Anders ist in einem Buch des Autors mit dem Titel „Fabeln" erschienen. Handelt es sich hier eher um eine Fabel oder eher um eine Parabel? Kreuze an und begründe in Stichpunkten.

☐ Fabel ☐ Parabel

___

___

___

___

2 Stelle kurz dar, was in der Erzählung auf der Bildebene passiert, indem du die Handlung in zwei bis drei Sätzen zusammenfasst.

______

______

______

______

______

______

3 Untersuche die Erzählweise der Parabel. Achte auf den Standpunkt des Erzählers und auf das Verhältnis von Erzählerkommentar zu Figurenrede.

______

______

4 Parabeln sind rätselhafte Texte, die mehrere Deutungen zulassen. Kreuze an, welche Deutung der Kanne für dich am plausibelsten ist.
Begründe deine Entscheidung.

Die Kanne auf der Bildebene steht auf der Sachebene für:

- ☐ Besitz allgemein
- ☐ unnützen Besitz
- ☐ einen großen Wert
- ☐ einen praktischen Gegenstand
- ☐ Durst
- ☐ einen Zankapfel

______

______

______

5 Stelle dir vor, der Text würde mit einer Lehre abschließen. Welche Lehre passt deiner Ansicht nach am besten? Begründe mit geeigneten Textstellen.

- ☐ Höre nicht auf Ratschläge anderer Leute, denn sie können sich nicht in deine Lage versetzen.
- ☐ Mische dich nicht in die Probleme anderer Leute ein, denn jeder ist für sein eigenes Glück zuständig.
- ☐ Klammere dich nicht an unsinnige Besitztümer, denn sie bescheren dir nur weitere Probleme.
- ☐ Wenn du nur noch einen Gegenstand besitzt, halte ihn fest, komme, was da wolle.

Begründung: ______

______

______

Eine Kurzgeschichte interpretieren

Streuselschnecke *Julia Franck (2000)*

Der Anruf kam, als ich vierzehn war. Ich wohnte seit einem Jahr nicht mehr bei meiner Mutter und meinen Schwestern, sondern bei Freunden in Berlin. Eine fremde Stimme meldete sich, der Mann nannte seinen Namen, sagte mir, er lebe in Berlin, und fragte, ob ich ihn kennen lernen wolle. Ich zögerte, ich war mir nicht sicher. Zwar hatte ich schon viel über solche Treffen gehört und mir oft vorgestellt, wie so etwas wäre, aber als es so weit war, empfand ich eher Unbehagen. Wir verabredeten uns. Er trug Jeans, Jacke und Hose. Ich hatte mich geschminkt. Er führte mich ins Café Richter am Hindemithplatz, und wir gingen ins Kino, ein Film von Rohmer. Unsympathisch war er nicht, eher schüchtern. Er nahm mich mit ins Restaurant und stellte mich seinen Freunden vor. Ein feines, ironisches Lächeln zog er zwischen sich und die anderen Menschen. Ich ahnte, was das Lächeln verriet. Einige Male durfte ich ihn bei seiner Arbeit besuchen. Er schrieb Drehbücher und führte Regie bei Filmen. Ich fragte mich, ob er mir Geld geben würde, wenn wir uns treffen, aber er gab mir keines, und ich traute mich nicht, danach zu fragen. Schlimm war das nicht, schließlich kannte ich ihn kaum, was sollte ich da schon verlangen? Außerdem konnte ich für mich selbst sorgen, ich ging zur Schule und putzen und arbeitete als Kindermädchen. Bald würde ich alt genug sein, um als Kellnerin zu arbeiten, und vielleicht würde ja auch noch eines Tages etwas Richtiges aus mir. Zwei Jahre später, der Mann und ich waren uns noch immer etwas fremd, sagte er mir, er sei krank. Er starb ein Jahr lang, ich besuchte ihn im Krankenhaus und fragte, was er sich wünsche. Er sagte mir, er habe Angst vor dem Tod und wolle es so schnell wie möglich hinter sich bringen. Er fragte mich, ob ich ihm Morphium besorgen könne. Ich dachte nach, ich hatte einige Freunde, die Drogen nahmen, aber keinen, der sich mit Morphium auskannte. Auch war ich mir nicht sicher, ob die im Krankenhaus herausfinden wollten und würden, woher es kam. Ich vergaß seine Bitte. Manchmal brachte ich ihm Blumen. Er fragte nach dem Morphium, und ich fragte ihn, ob er sich Kuchen wünsche, schließlich wusste ich, wie gern er Torte aß. Er sagte, die einfachen Dinge seien ihm jetzt die liebsten – er wolle nur Streuselschnecken, nichts sonst. Ich ging nach Hause und buk Streuselschnecken, zwei Bleche voll. Sie waren noch warm, als ich sie ins Krankenhaus brachte. Er sagte, er hätte gerne mit mir gelebt, es zumindest gern versucht, er habe immer so gedacht, dafür sei noch Zeit, eines Tages – aber jetzt sei es zu spät. Kurz nach meinem siebzehnten Geburtstag war er tot. Meine kleine Schwester kam nach Berlin, wir gingen gemeinsam zur Beerdigung. Meine Mutter kam nicht. Ich nehme an, sie war mit anderem beschäftigt, außerdem hatte sie meinen Vater zu wenig gekannt und nicht geliebt.

1. Warum überrascht der Schluss der Erzählung? Erkläre die Pointe.

____

____

2. Formuliere dein erstes Textverständnis.

In der Erzählung geht es um ______________________________

____

3 Gliedere den Text in Handlungsschritte und formuliere für jeden Handlungsschritt eine passende Überschrift.

Z. 1–9: Der Anruf ______ Z. ___: ______

Z. 9–15: ______ Z. ___: ______

Z. ___: ______

4 a) Markiere im Text in unterschiedlichen Farben, was du über die beiden Hauptfiguren erfährst.
b) Notiere wichtige Textstellen als Beleg.

Ich-Erzählerin:	______:
– erster Anruf des Vaters mit 14 (vgl. Z. 1)	

5 Wie wirkt die Beziehung zwischen Tochter und Vater auf dich? Begründe mit Textbeispielen.

______

______

______

6 Beschreibe die sprachliche Gestaltung des Textes. Du kannst dafür geeignete Begriffe aus dem Wortspeicher nutzen. Gib Textbelege mit Zeilenangaben an.

gefühlvoll · emotional · nüchtern · emotionslos · sachlich · distanziert · eintönig · poetisch · bildhaft · hypotaktisch · parataktisch

Die Sprache der Ich-Erzählerin wirkt ______

______

______

______

______

______

7 Welche Bedeutung hat die Streuselschnecke deiner Ansicht nach in der Erzählung?
Entscheide dich für eine Deutung und begründe sie.

☐ Liebe ☐ Vertrautheit ☐ Alltäglichkeit ☐ Beliebigkeit ☐ Langsamkeit

Die Streuselschnecke, die auch den Titel der Geschichte bildet, steht in der Erzählung für

8 Handelt es sich bei der Erzählung „Streuselschnecke" um eine Kurzgeschichte?
Überprüfe die folgenden Merkmale und begründe mit dem Text:

Merkmale von Kurzgeschichten	☒	**Begründung mit Textbeleg**
unmittelbarer Einstieg	☐	*Man befindet sich sofort im Geschehen: „Der Anruf kam" (Z. 1).*
kleiner Ausschnitt aus dem Alltagsleben einer oder mehrerer Figuren	☐	
dargestellte Ereignisse haben eine besondere Bedeutung für die Figuren	☐	
wenige Figuren	☐	
Konzentration auf einen Handlungsort	☐	
zielstrebiger Verlauf der Handlung auf einen Höhe-/Wendepunkt hin	☐	
Gebrauch von Alltagssprache	☐	
offenes Ende	☐	

9 Verfasse in deinem Heft eine schriftliche Interpretation der Erzählung „Streuselschnecke". Gehe so vor:

a) Schreibe eine **Einleitung**, in der du Titel, Textsorte, Autor, Jahr der Entstehung oder Veröffentlichung sowie das Thema der Kurzgeschichte nennst.

b) Fasse im **Hauptteil** zunächst den Inhalt der Kurzgeschichte zusammen.

Die Kurzgeschichte beginnt unmittelbar mit einem ...

c) Erläutere dann dein Verständnis der Kurzgeschichte. Gehe dabei auf die Beziehung zwischen Vater und Tochter sowie deren Entwicklung ein.

Im Mittelpunkt der Kurzgeschichte steht also die Beziehung zwischen Tochter (Ich-Erzählerin) und Vater. Nach dem Anruf des Vaters wirkt die Tochter zunächst unsicher (vgl. Z. 6). Das liegt daran, dass ...
Die Ich-Erzählerin spricht von ihrem Vater anfangs als „der Mann" (Z. 4), was ... ausdrückt.
Erst am Ende ...

d) Stelle die sprachlichen Besonderheiten des Textes dar und beziehe sie auf den Inhalt.

Die ... Sprache des Textes ... Das zeigt sich z. B. in Wendungen wie „...".

e) Erkläre, warum der Titel „Streuselschnecke" zur Geschichte passt.

Der Titel „Streuselschnecke" passt zur Handlung der Geschichte, weil ...

f) Lege dar, welche Merkmale einer Kurzgeschichte die Erzählung „Streuselschnecke" aufweist.

Dass es sich bei dem Text „Streuselschnecke" um eine Kurzgeschichte handelt, wird beispielsweise an ... deutlich. Des Weiteren erzählt die Geschichte einen Ausschnitt aus ..., der eine besondere Bedeutung für die Hauptfigur hat, weil ... Zudem ...

g) Fasse zum **Schluss** deine Ergebnisse zusammen und beziehe dich dabei auf dein erstes Textverständnis.

Anders als beim ersten Lesen der Erzählung .../
Ebenso wie beim ersten Lesen der Erzählung ...

Checkliste ✓	**Parabeln und Kurzgeschichten schriftlich interpretieren**	
Einleitung	✓ Nenne in der Einleitung die **Textsorte**, den **Titel**, das **Erscheinungsjahr**, den **Namen der Autorin / des Autors** sowie das **Thema** des Textes.	
Hauptteil	**Parabel** ✓ Fasse im Hauptteil die Bildebene der Parabel kurz zusammen. ✓ Erläutere den Zusammenhang zwischen Bild- und Sachebene und belege deine Deutung am Text.	**Kurzgeschichte** ✓ Gib den Inhalt der Kurzgeschichte in wenigen Sätzen wieder. ✓ Fasse die Ergebnisse deiner Textuntersuchung zusammen und belege deine Deutung am Text.
Schluss	✓ Fasse am Schluss die Aussageabsicht bzw. dein Interpretationsergebnis noch einmal kurz zusammen und beziehe dich dabei auch auf dein erstes Textverständnis.	

Missverständnisse

Komische Texte untersuchen

S. 104

1 a) Markiere jeweils die Pointe der Witze.

b) Untersuche, welche Stilmittel des Komischen in den Witzen jeweils verwendet werden. Kreuze an.

Stilmittel des Komischen	**Witz 1**	**2**	**3**	**4**
– **die Hyperbel** (die Übertreibung)	☐	☐	☐	☐
– **das Understatement** (die Untertreibung)	☐	☐	☐	☐
– **die Inkongruenz** (zwei Dinge, die nicht zusammenpassen, werden „in einen Topf" geworfen)	☐	☐	☐	☐
– **die Verfremdung** (Einordnung einer Situation in einen anderen Zusammenhang)	☐	☐	☐	☐
– **die Ironie** (es wird erkennbar das Gegenteil dessen gesagt, was gemeint ist)	☐	☐	☐	☐
– **die Selbstironie/Selbstentblößung** (sich über sich selbst lustig machen)	☐	☐	☐	☐
– **Missverständnis, Kommunikationsstörung oder Verwechslung**	☐	☐	☐	☐

2 a) Welches Stilmittel des Komischen nutzt der Cartoonist hier? Begründe in Stichpunkten.

b) Beschreibe den Cartoon genauer. Beantworte dabei folgende Fragen:
- Was ist im Vordergrund und was im Hintergrund dargestellt?
- Was spielt sich im Mittelpunkt ab und was ist am Rand zu sehen?
- Wie sind die Figuren dargestellt und in welchem Verhältnis stehen sie zueinander?

c) Welche Rolle spielt die bildliche Darstellung für die Komik? Begründe kurz.

Sehr erfreut: Feiern *Irmgard Maenner*

Frau am Telefon (____________________): So! Jetzt möchte ich gern mal wissen, wen ihr nicht eingeladen habt.

Hanna (____________________): Wen wir nicht eingeladen haben? Also, nicht eingeladen, äh, – haben wir –

Frau (____________________): Ja, und noch mehr würde mich interessieren, wann ihr die eingeladen habt, die ihr alle eingeladen habt.

Hanna (____________________): Also Celia habe ich am Dienstag eingel-

Frau (____________________): Ich Mittwoch.

Hanna (____________________): Und Anton am Mittwoch –

Frau (____________________): Na sehr nett!

Hanna (____________________): Gerhard auch.

Frau (____________________): Ach den auch, ja. Wird ja immer besser. Na toll.

Hanna (____________________): Sollen wir vielleicht alle wieder ausladen?

Frau (____________________): Ich habe am Donnerstag Geburtstag, aber ihr feiert nur nach! *(legt auf)*

Hanna (____________________): Ja. Das ist meine Freundin.

3 a) Lies den Text „Sehr erfreut: Feiern". Kreuze an, welche Stilmittel des Komischen hier verwendet werden.
b) Markiere die verwendeten Stilmittel des Komischen in unterschiedlichen Farben. Unterstreiche dann entsprechende Textbelege in derselben Farbe und begründe deine Entscheidung in Stichpunkten.

☐ Ironie ☐ Verfremdung ☐ Understatement ☐ Hyperbel ☐ Inkongruenz

c) Die Texte auf dieser Doppelseite sind eigentlich mündliche Texte.
Überlege, wie die einzelnen Rollen in „Sehr erfreut: Feiern" gesprochen werden könnten, um die Komik des Textes noch besser zum Ausdruck zu bringen. Ergänze passende Regieanweisungen.

Typische Berufe: Professorin *Peter Regenbrecht*

Mann: Ah ... Ja ... – Ist aber schon lange her, nech. – Und sonst so? – Arbeitest du, oder?
Frau: Ja, reichlich. Bin Professorin an der FU. Informatik.
Mann: Echt??? So siehst du aber gar nicht aus!
Frau: Ach! Und wie sehe ich aus?
Mann: ...

4 Kreuze an, mit welchem Stilmittel des Komischen im Text „Typische Berufe: Professorin" gearbeitet wird.

☐ Ironie ☐ Verfremdung ☐ Klischee (Vorurteil) ☐ Hyperbel

Vertrackte Metaphern *Lothar Stemwedel*

Frau: Schön, wie die Schwalben über unsere Dachterrasse segeln, über unsere Köpfe hinweg pfeilschnell wieder in die Höhe schießen, mit minimalen Bewegungen der Flügel die Flugrichtung abrupt verändern. Sie schlagen regelrecht Haken. Man könnte sie – die Hasen der Lüfte nennen.

Mann: Nun, äh, das hieße ja, also äh ...

Frau: ... mit Zahnspangen auf Spatzen schießen.

Mann: Mit Taucherbrillen nach Erdbeeren schießen.

Frau und Mann *(lachen)*

5 Nutzt der Autor des Textes „Vertrackte Metaphern“ das Stilmittel der Inkongruenz? Begründe in Stichpunkten.

6 Verfasse einen Paralleltext zu „Vertrackte Metaphern“ mit der Überschrift „Vertrackte Hyperbeln“. Gehe dabei so vor:

- Stelle ein Gespräch zwischen einer Frau und einem Mann dar, die eine bestimmte Situation beobachten.
- Sammle passende und unpassende Hyperbeln (Übertreibungen), mit denen du die Situation beschreiben und/oder vergleichen kannst.
- Schreibe das Gespräch auf. Du kannst im Anschluss auch eine Höraufnahme erstellen.

Aber was, wenn der Chef selbst raucht? *Frau Freitag*[1]

„Was ist denn eine typenfreie Autowerkstatt?", fragt die Berufsberaterin Abdul.
„Äh, hm, weiß ich nicht."
Marcella meldet sich wild: „Ich weiß, ich weiß, ich glaube, das ist eine Autowerkstatt, wo nur Frauen hinkönnen."
„Oder wo nur Frauen arbeiten, voll schön!", sagt Elif.
„Ach, ich weiß!", ruft Funda. „Da sitzen die Männer nur rum und müssen nicht arbeiten, und die Frauen reparieren ihre Autos selbst. Da haben die Typen immer frei."
Das heitere Rätselraten wird von Mustafa aufgelöst, der uns erklärt, dass es sich hierbei um Automarken unspezifische Reparaturwerkstätten handelt, im Gegensatz zu Vertragswerkstätten.
„Und du, Peter, willst also Maler und Lackierer werden. Dann erzähl mir doch mal was über Farben!"
„Es gibt verschiedene."
„Ja, das stimmt", sagt die Berufsspezialistin und grinst mich an, „werde mal genauer."
Peter guckt sich im Raum um: „Also, zum Beispiel Rot."
Irgendwann stammelt er dann noch was von Hauptfarben. Ich werde morgen auf jeden Fall die Grund- und Sekundärfarben wiederholen.
Dann kommt das für meine Schüler typische Endlos-im-Kreis-Gefrage. Wir klären gerade, ob man beim Bewerbungsgespräch Getränke annehmen sollte, wenn sie einem angeboten werden.
„Ja, das könnt ihr ruhig machen. Wie ist es mit einer Zigarette?"
Die Wiederholer melden sich alle sofort, denn sie haben sich gemerkt, dass man das nicht tun sollte.
Dann Bilal: „Aber wenn der Chef selbst raucht?"
Die Berufsberaterin: „Nein, auch dann nicht."
„Aber wenn man selbst auch Raucher ist?"
„Nein, auch dann nicht."
„Aber wenn man doch gerne eine rauchen möchte?"
Plötzlich reicht es mir: „Bilal! NEIN, NEIN, NEIN! Was ist daran so schwer zu verstehen? Möchtest du in dem Moment einen Ausbildungsplatz bekommen, oder ist dir das Rauchen wichtiger?"
„Aber mein Freund hat in einem Gespräch eine Zigarette angeboten bekommen und geraucht, und er hat den Job trotzdem bekommen."
Die Macht des letzten Wortes. Ich gebe auf. Bei den anderen ist das NEIN, NICHT BEIM BEWERBUNGSGESPRÄCH RAUCHEN angekommen, und Bilal wird wenigstens an mich denken, wenn er die Zigarette anzündet und am Ende ohne Ausbildungsplatz dasteht.

7 Markiere die Textstellen, die du als komisch empfindest.

1 Pseudonym einer Lehrerin, die aus ihrem Berufsalltag in einer sogenannten „Brennpunktschule" in Berlin in komischer Weise berichtet. Zunächst veröffentlichte sie ihre Texte in einem Internetblog, später erschienen diverse Bücher mit ihren Texten.

8 Welche Stilmittel des Komischen werden im Text verwendet?
Notiere Textbelege, sofern möglich.

Stilmittel des Komischen	**Beispiel aus dem Text „Aber was, wenn der Chef selbst raucht?"**
Inkongruenz	
Klischee (Vorurteil)	
Missverständnis/ **Kommunikationsstörung**	
Hyperbel (Übertreibung)	
Ironie und **Selbstironie**	

9 Verfasse eine schriftliche Interpretation des Textes „Aber was, wenn der Chef selbst raucht?". Gehe insbesondere darauf ein, wie in dem Text Komik erzeugt wird. Nutze deine Arbeitsergebnisse aus Aufgabe 8.

Checkliste	**Komische Texte untersuchen**
Inhalt	✓ Welche Situation oder welche Begebenheit wird dargestellt? ✓ Ist der Text insgesamt komisch oder enthält er nur einzelne komische Passagen? ✓ Hat der Text eine Pointe? Wenn ja, worin besteht diese?
Stilmittel des Komischen	✓ Welche Stilmittel des Komischen enthält der Text? – **Inkongruenz** (zwei Dinge, die nicht zusammenpassen werden, „in einen Topf geworfen") – **Hyperbeln** (Übertreibungen) – **Understatements** (Untertreibungen) – **Klischees** (Vorurteile) – **Ironie** (es wird erkennbar das Gegenteil von dem gesagt, was gemeint ist) – **Selbstironie** (jemand macht sich über sich selbst lustig) – **Kommunikationsstörungen/Missverständnisse/Verwechslungen** ✓ Welches Stilmittel des Komischen ist vorherrschend?

„Pampa Blues“

Einen Jugendroman untersuchen und gestaltend interpretieren

S. 130

Pampa Blues *Rolf Lappert*

Wingroden, Schauplatz des Romans „Pampa Blues“, ist ein Dorf, das gerade einmal zehn Einwohner zählt. Hier lebt der 16-jährige Ben mit seinem Großvater Karl.

ICH HASSE MEIN LEBEN. In drei Jahren werde ich zwanzig, das ist die Hälfte von vierzig. In acht Jahren ist Karl neunzig, und ich bin fünfundzwanzig und vielleicht noch immer hier. Mit ihm. Das will ich mir gar nicht erst vorstellen. Die Realität reicht mir völlig.

Karl steht vor mir, splitternackt. Schaum liegt auf seinen knochigen Schultern wie Schnee. Er schlottert ein wenig, dabei ist es warm im Badezimmer. Der Spiegel hat sich beschlagen, unter der Decke hängen Dampfschwaden. Ich trockne Karl den Rücken ab, weil er das nicht mehr selber kann. Was Karl alles nicht mehr selber kann, würde ganze Bücher füllen. Karl schwankt und streckt die Arme nach der Wand aus. In fünfundsechzig Jahren bin ich so alt wie er jetzt.

„Hier, dein Gehänge kannst du dir selber abrubbeln“, sage ich und gebe ihm das Handtuch.

„Gehänge ist gut“, nuschelt Karl und kichert.

Manchmal versteht Karl alles, sogar schlüpfrige Sprüche. Dann ist sein Kopf ein altes Radio, in dem die verstaubten Röhren noch einmal aufglühen und auf Empfang gehen. Aber meistens reicht es gerade einmal für die einfachsten Sätze, an schlechten Tagen bloß für einzelne Wörter wie *essen* oder *schlafen* oder *Kuchen*. Mit Karl geht es bergab. Wenn sein Gehirn den Betrieb irgendwann völlig aufgibt, können wir uns überhaupt nicht mehr unterhalten. Ich weiß nicht, ob ich es vermissen werde.

Mit fünfzehn habe ich bei Karl eine Lehre als Gärtner angefangen. Meine Mutter hielt das für eine tolle Idee, aber das war nur eine Notlösung, die einfachste Art, mich nach dem Tod meines Vaters abzuschieben. Karl durfte eigentlich gar keine Lehrlinge mehr ausbilden. Sein Gehirn funktionierte damals zwar noch ziemlich tadellos, aber er war alt, hatte kaputte Knie und werkelte nur noch zum Vergnügen im Garten vor sich hin. Trotzdem schaffte es meine Mutter irgendwie, die Sache mit den Behörden zu regeln. Ich glaube, bei den vielen Schulabbrechern und arbeitslosen Jugendlichen, die es in der Gegend gibt, ist es den Beamten völlig egal was ich hier so treibe. Hauptsache, ich bin versorgt, lungere nicht rum und nehme keine Drogen.

Karl brachte mir bei, wie man Blumenzwiebeln eingräbt, Rosenbüsche zurückschneidet und Setzlinge[1] umtopft. Von ihm weiß ich, wie man gute Komposterde macht und Blattläuse loswird. Ich kann eine Stein-

1 der Setzling: junge Pflanze

Nelke von einer Pfingst-Nelke unterscheiden und mit einer Felghacke[2] ebenso gut umgehen wie mit einem Krail[3]. Was ich hier nicht gelernt habe, ist, wie die Welt da draußen funktioniert und wie sich ein nacktes Mädchen anfühlt.
Meine Mutter hat mich ein Jahr lang jeden Donnerstag in die Stadt zur Berufsschule gefahren, eine Stunde hin und eine zurück. Sie ist Sängerin. In der Zeit ist sie mit Tanzbands bei Partys, Firmenfeiern und Hochzeiten aufgetreten. Aber eigentlich ist meine Mutter Jazzsängerin. Sie tingelt mit einem Quartett durch die Clubs und Kneipen Europas. [...]

Nach dem Bad helfe ich Karl beim Anziehen, dann koche ich uns Mittagessen. Karl deckt den Tisch. Frau Wernicke, die Krankenpflegerin, die einmal pro Woche nach Karl sieht, hat mir gesagt, ich soll Karl kleine Aufgaben geben, damit sein Gehirn etwas zu tun hat. Eine von Karls Aufgaben ist es, dreimal täglich den Tisch zu decken. Frau Wernicke sagt, das sei eine Art Training, um die geistige Leistungsfähigkeit zu steigern, aber in Karls Fall scheint die Sache nicht wirklich zu funktionieren. Meistens vergisst er etwas, einen Löffel, eine Tasse, beide Servietten. Oft liegen zwei Gabeln neben jedem Teller, aber keine Messer, oder er stellt Kaffeetassen hin statt Wassergläser. Manchmal steht er vor dem leeren Tisch und kann sich nicht erinnern, was er tun soll. Dann muss ich für ihn das Geschirr und Besteck rausnehmen und ihm alles zeigen. Wenn er einen besonders schlechten Tag hat und fünf Minuten lang ratlos einen Löffel in den Händen dreht, setze ich ihn auf seinen Stuhl und lasse ihn Papierschnipsel machen. Das verlernt er nie.
Heute hat Karl einen ziemlich guten Tag. Messer und Gabeln sind zwar auf der falschen Seite, aber dafür hat er bis auf die Glasuntersetzer und die Servietten nichts vergessen. Er trägt schwarze Socken, eine weite graue Hose und ein weißes Hemd. Wenn er rasiert wäre, würde er direkt passabel aussehen. Ich hole die Servietten aus der Schublade, stopfe Karl eine in den Kragen und kremple seine Ärmel hoch.
„Danke", sagt Karl. Im Durchschnitt bedankt er sich etwa zehntausendmal pro Tag bei mir, egal ob ich ihm in die Pantoffeln helfe, Butter aufs Brot schmiere oder die Brille putze.
„Guten Appetit", sage ich.
„Danke", sagt Karl. Die Keksdose, die neben ihm auf dem Boden steht, ist voller daumennagelgroßer Schnipsel in zahllosen Blautönen.
Wenn ich am Morgen unausgeschlafen oder am Abend vom Tag genervt bin und Karls Essgeräusche nicht hören will, sein Gepuste und Geschlürfe, sein Kauen und Schmatzen, drehe ich das Radio neben der Spüle an. Aber jetzt um die Mittagszeit läuft auf allen Senden nur Mist, und ich lasse es bleiben. [...]
Auch ich habe meine schlechten Tage. Heute ist einer. Am Morgen hatte Karl Leim in den Haaren, beim Frühstück ist ihm Eigelb auf die frisch gewaschene Pyjamahose getropft, und als er in die Badewanne sollte, hat er sich geweigert und wie ein kleines Kind aufgeführt. [...]
„Vergiss deine Pillen nicht", sage ich und schiebe ihm den Unterteller mit den Tabletten hin.
„Danke." Karl legt sich eine Kapsel nach der andern auf die Zunge und spült sie mit einem Schluck Wasser runter.
Hin und wieder, nicht sehr oft, stelle ich mir vor, wie es wäre, wenn Karl sterben würde. Ganz selten wünsche ich mir, ihn am Morgen tot in seinem Bett zu finden. Wenn meine Großmutter nicht weggegangen wäre, hätte sie Karl am Hals. Wer behauptet, man könne über sein Leben selber bestimmen, hat keine Ahnung. Und bestimmt keinen senilen[4] Opa, um den er sich kümmern muss.

1 Erläutere kurz in Stichpunkten, warum der Ich-Erzähler sein Leben hasst.

____

____

____

2 die Felghacke: Gartenwerkzeug zum Auflockern der Böden
3 der Krail: Harke mit drei Zinken
4 senil: aufgrund des hohen Alters geistig nicht mehr leistungsfähig

❷ Welcher Konflikt könnte aus der im Romananfang dargestellten Situation entstehen? Stelle Vermutungen an und begründe.

___

___

___

❸ a) Untersuche die Figur des Ich-Erzählers genauer. Markiere im Text alle Informationen, die du über ihn erhältst.
b) Vervollständige den folgenden Steckbrief zur Figur des Ich-Erzählers mit Informationen aus dem Text. Belege deine Aussagen mit geeigneten Textstellen.

Figurensteckbrief

Name: *Ben* Alter: ___

Lebensumstände: *lebt in Wingroden,* ___

___

___

___

Beziehung zu anderen Figuren: ___

___

___

___

Eigenschaften: *verantwortungsbewusst (Z. 32: „Nach dem Bad helfe ich Karl ...“),*

___

___

___

Gedanken und Wünsche: ___

___

___

4 Untersuche die Erzählweise des Romanauszugs.
Kreuze an, welche Aussagen auf das Verhalten des Ich-Erzählers zutreffen.
Begründe deine Einschätzung in Stichpunkten.

Aussage zur Erzählweise **Der Ich-Erzähler …**	**Begründung**
☐ … ist **zugleich handelnde Figur**.	
☐ … erzählt aus der Sicht eines **unbeteiligten Beobachters**.	
☐ … erzählt **aus der Situation heraus**, in der er sich aktuell befindet.	
☐ … erzählt die Ereignisse mit **zeitlichem Abstand**.	
☐ … verhält sich **auktorial**.	
☐ … verhält sich **personal**.	

5 Im Text werden zahlreiche sprachliche Mittel verwendet. Ordne zu:

- Mit ihm. (Z. 2)
- Schaum liegt auf seinen knochigen Schultern wie Schnee. (Z. 4)
- Was Karl alles nicht mehr selber kann, würde ganze Bücher füllen. (Z. 6 f.)
- „Hier, dein Gehänge kannst du dir selber abrubbeln …" (Z. 9)
- Dann ist sein Kopf ein altes Radio, in dem die verstaubten Röhren noch einmal aufglühen und auf Empfang gehen. (Z. 11 f.)
- […] und als er in die Badewanne sollte, hat er sich geweigert und wie ein kleines Kind aufgeführt. (Z. 55 f.)

- Vergleich
- Vergleich
- Metapher
- Ellipse
- Hyperbel (Übertreibung)
- Umgangssprache

6 Erzähle den Anfang des Textes (Z. 1–15) aus der Sicht eines auktorialen Erzählers, der das Verhalten und die Eigenschaften von Ben und Karl kommentiert.
Schreibe in dein Heft.

Der 16-jährige Ben, der sich bereits seit Längerem aufopferungsvoll um seinen Großvater kümmerte, begann allmählich sein Leben zu hassen …

Zu den wenigen anderen Einwohnern des Ortes Wingroden gehört Maslow, Besitzer der örtlichen Autowerkstatt und des Gasthofs „Schimmel“. Maslow hatte bereits verschiedene Ideen, um Wingroden zur Touristenattraktion zu machen. Seine neueste Idee ist es, die Nachricht von einem in Wingroden gesichteten Ufo zu verbreiten, um damit zunächst Journalisten und später auch Touristen anzulocken. Als eines Tages die junge Lena mit ihrem Auto in Wingroden liegen bleibt, vermutet Maslow sofort, dass es sich bei ihr um eine „Undercover-Journalistin“ handelt.

„Wem gehört das Ding?“

„Habe ich dir doch gerade erzählt!“, ruft Maslow. „Der Reporterin!“

Ich klopfe gegen das Blech des hinteren Radkastens. Außer einer Delle in der Stoßstange und ein paar kleinen Rostflecken kann ich keine Schäden erkennen. „Was für eine Reporterin?“

„Hörst du mir eigentlich zu? Die Kleine, die behauptet, ihr Auto sei liegen geblieben.“ [...]

Maslow lacht auf. „Von wegen! Alles nur Show!“

„Kapier ich nicht.“

„Wir sollen denken, dass sie eine Panne hatte! Und während du ihr Auto reparierst, kann sie sich in Ruhe umsehen! Ganz locker mit den Leuten reden! Inkognito!“

Ich werfe einen Blick in den Wagen. Auf dem Beifahrersitz liegen eine leere Wasserflasche und eine Straßenkarte, auf dem Rücksitz Zeitungen, eine Regenjacke, zwei aufgerollte Nylonseile und ein Kissen, das mit dem Wort LOVE bestickt ist.

„Wo ist sie?“

„In der Kneipe. Sie hatte Durst.“

„Du lässt sie alleine da rumsitzen?“

„Natürlich nicht.“ Maslow öffnet den Kofferraum. „Willi ist bei ihr.“ Er zieht den Reißverschluss einer Reisetasche auf.

„Was machst du da? Spinnst du?“

Maslow durchwühlt mit beiden Händen die Tasche und hält dann ein T-Shirt und einen BH hoch.

„Maslow! Verdammt!“

„Was denn? Ich suche nach Beweisen!“ Maslow holt einen Fotoapparat hervor. „Da!“, ruft er. „Wusste ich's doch!“

„So was hat doch jeder. Und jetzt hör auf mit dem Scheiß.“ [...]

„Dann sieh mal nach, was mit dem Motor ist!“ Maslow zieht mich hinter sich her zur Schnauze des Wagens. „Jede Wette, die hat was manipuliert!“ [...]

Ich hole den Kerzenschlüssel und drehe eine Zündkerze heraus, dann eine zweite. Bei beiden ist der Elektrodenabstand vergrößert worden. Kein Wunder, dass die Dinger nicht mehr funktionieren.

„Seltsam ...“, murmle ich und betrachte die Kerze mit zusammengekniffenen Augen. Dabei tue ich so, als würde ich nicht bemerken, dass Maslow vor Ungeduld fast durchdreht.

„Was ist seltsam? Nun sag schon!“

„Ich glaube, du hast recht.“

Maslow stößt einen Jubelschrei aus und haut mir auf die Schulter. „Was habe ich dir gesagt?“, ruft er und führt einen ziemlich bescheuerten Freudentanz auf. „Mein Plan hat funktioniert!“ [...]

„Wie lange braucht man für so eine Reparatur?“, fragt Maslow.

„Eine Stunde.“

„Mach zwei Tage daraus.“

„Zwei Tage? Soll das ein Witz sein?“

„Sag ihr ... Was weiß ich ... Dass du Ersatzteile bestellen musst! Ersatzteile, die schwer zu bekommen sind. Das ist ein altes Auto!“

Ben und Maslow fahren gemeinsam zum „Schimmel“, um Lena die Nachricht zu überbringen.

Im Schankraum ist es angenehm kühl und auf eine gemütliche Art düster. Es riecht nach Bohnerwachs und Bier und kaltem Zigarrenrauch. Willi steht neben dem Stammtisch und balanciert einen Stuhl auf seinem

Kinn. Die Nummer führt er jedem vor, den es nach Wingroden verschlägt. Ich habe sie zum ersten Mal gesehen, als ich sieben war. Eine Frau, die mit dem Rücken zu mir dasteht, klatscht begeistert Beifall. Sie ist etwa so groß wie ich, hat kurze braune Haare und trägt ein weißes T-Shirt und eine grüne Cargohose, die nur aus Taschen zu bestehen scheint. […]

„Bravo“, ruft die Frau. Sie applaudiert noch heftiger und pfeift durch die Zähne. Dann dreht sie sich zu Maslow und mir um.

Ich muss einmal leer schlucken.

Sie ist weder fünfzig, noch sieht sie auch nur annähernd wie die Ökotante aus, die ich mir wegen des Autos vorgestellt hatte. Ich schätze sie auf Mitte zwanzig, aber sie kann genauso gut zwei, drei Jahre älter oder jünger sein. Quer über ihrem T-Shirt steht in schwarzen Großbuchstaben EL CAPITAN. Sie hat braune Augen und eine verschorfte Stelle an der Oberlippe. Ihr Gesicht glüht wie das eines kleinen Mädchens, das zum ersten Mal eine Zirkusvorstellung besucht.

„Wir mussten unseren Mechaniker holen.“ Maslow zeigt auf mich. „Ben Schilling. Er kümmert sich um Ihr Auto.“

Ich glaube, ich murmle ein „Hallo“, bin mir aber nicht sicher.

Die Frau, die eigentlich eher wie ein Mädchen aussieht, lächelt. „Schön“, sagt sie. Ihre Stimme ist klar und eine Spur tiefer als erwartet.

„Es gibt da allerdings ein kleines Problem“, sagt Maslow und wendet sich wieder mir zu. „Ben?“

„Was?“

„Erklär ihr das Problem.“

Ich brauche einen kurzen Moment, um mich zu erinnern, welches Problem Maslow meint. „Oh, das Problem. – Ja. Es … Es ist so … Das Ersatzteil. Es … Ich muss es suchen.“

Maslow wirft mir einen leicht nervösen Blick zu. „Das kann zwei Tage dauern“, sagt er, als er merkt, dass von mir nicht mehr kommt.

„Vielleicht auch drei.“

Die Frau sieht uns mit einem Blick an, aus dem man unmöglich etwas schließen kann. Falls sie den Motor wirklich manipuliert hat, fragt sie sich jetzt bestimmt, ob wir sie durchschaut haben oder einfach nur miese Mechaniker sind.

7 Markiere alles, was du über die handelnden Figuren erfährst. Nutze für jede Figur eine andere Farbe.

8 Schreibe einen inneren Monolog aus der Sicht der „Reporterin“: Wie nimmt sie die Figuren und die Situation wahr? Welche Gedanken gehen ihr durch den Kopf? Welche Absichten verfolgt sie?

Checkliste ✓	**Einen Jugendroman untersuchen**
Einen Jungendroman untersuchen	✓ Untersuche die **Handlung** des Romanausschnitts. Notiere Stichpunkte. ✓ Untersuche die **Figuren:** – Was erfährst du über die Hauptfigur? – In welcher Beziehung steht diese zu den anderen Figuren des Romans? ✓ Bestimme die **Rolle der Erzählerin / des Erzählers:** – Aus wessen Sicht werden die Ereignisse dargestellt? – Erzählt die Erzählerin / der Erzähler aus der Situation heraus oder mit einem zeitlichen Abstand zum Geschehen? – Verhält sich die Erzählerin / der Erzähler auktorial oder personal? – Dominiert Erzählerbericht oder Figurenrede? ✓ Untersuche die **sprachliche Gestaltung** des Textes, z. B. anhand folgender Fragen: – Welche Zeitform herrscht vor? – Herrscht gehobene Schriftsprache vor oder dominiert Umgangssprache? – Werden sprachliche Bilder bzw. rhetorische Mittel verwendet?

Abgründe

S. 162

Eine Dramenszene untersuchen

Der Besuch der alten Damen *Friedrich Dürrenmatt* (1956)

Claire Zachanassian bietet der Güllener Gemeinde eine Million für den Mord an Alfred Ill, ihrer Jugendliebe, der sie schwanger allein gelassen und vor Gericht verleumdet hat. Kurz vor der Gemeindeversammlung der Güllener, in der diese über sein Schicksal entscheiden wollen, hat sich Ill von seiner Familie verabschiedet. Frau und Kinder haben – wie viele Bewohner des Ortes – bereits reichlich Geld ausgegeben, da sie auf Claires Spende nach Ills Tod spekulieren.

3. Akt

[...] Die Familie verschwindet mit den Stühlen. Ill schaut ihr nach. Er setzt sich auf die Holzbank, die sich links befindet.

Windesrauschen. Von rechts kommen Roby und Toby mit der Sänfte, in der sich Claire Zachanassian in ihrem gewohnten Kleid befindet. Roby trägt eine Gitarre auf dem Rücken. Neben ihr schreitet ihr Gatte IX, Nobelpreisträger, groß, schlank, graumelierte Haare und Schnurrbart. (Kann vom immer gleichen Schauspieler dargestellt werden.) Dahinter der Butler

Claire Zachanassian: Der Konradsweilerwald, Roby und Toby, haltet mal an. [...]
Ill: Du hattest – ich meine, wir hatten ein Kind?
Claire Zachanassian: Gewiß.
Ill: War es ein Bub oder ein Mädchen?
Claire Zachanassian: Ein Mädchen.
Ill: Und was hast du ihm für einen Namen gegeben?
Claire Zachanassian: Geneviève.
Ill: Hübscher Name.
Claire Zachanassian: Ich sah das Ding nur einmal. Bei der Geburt. Dann wurde es genommen. Von der christlichen Fürsorge.
Ill: Die Augen?
Claire Zachanassian: Die waren noch nicht offen.
Ill: Die Haare?
Claire Zachanassian: Schwarz, glaube ich, doch das sind sie ja oft bei Neugeborenen.
Ill: Das ist wohl so.
Schweigen. Rauchen. Gitarre.
Ill: Bei wem ist es gestorben?
Claire Zachanassian: Bei Leuten. Ich habe die Namen vergessen.
Ill: Woran?
Claire Zachanassian: Hirnhautentzündung. Vielleicht auch etwas anderes. Ich erhielt eine Karte von der Behörde.
Ill: Bei Todesfall kann man sich auf die verlassen.
Schweigen.
Claire Zachanassian: Ich erzählte dir von unserem Mädchen. Nun erzähl von mir.
Ill: Von dir?
Claire Zachanassian: Wie ich war, als ich siebzehn war, als du mich liebtest.
Ill: Mußte dich einmal lange suchen in der Peterschen Scheune, fand dich in der Droschke im bloßen Hemd mit einem langen Strohhalm zwischen den Lippen.

Claire Zachanassian: Du warst stark und mutig. Hast gegen den Eisenbähnler gekämpft, der mir nachstrich. Ich wischte dir das Blut aus dem Gesicht mit meinem roten Unterrock.

Das Gitarrenspiel schweigt.

Claire Zachanassian: Die Ballade ist zu Ende.

Ill: Noch „O Heimat süß und hold."

Claire Zachanassian: Kann Roby auch.

Neues Gitarrenspiel.

Ill: Nun ist es soweit. Wir sitzen zum letzten Mal in unserem bösen Wald voll Kuckuck und Windesrauschen.

Die Bäume bewegen ihre Äste.

Ill: Heute abend versammelt sich die Gemeinde. Man wird mich zum Tode verurteilen, und einer wird mich töten. Ich weiß nicht, wer er sein wird und wo es geschehen wird, ich weiß nur, daß ich ein sinnloses Leben beende.

Claire Zachanassian: Ich liebte dich. Du hast mich verraten. Doch den Traum von Leben, von Liebe, von Vertrauen, diesen einst wirklichen Traum habe ich nicht vergessen. Ich will ihn wieder errichten mit meinen Milliarden, die Vergangenheit verändern, indem ich dich vernichte.

Ill: Ich danke dir für die Kränze, die Chrysanthemen und Rosen.

Erneutes Windesrauschen.

Ill: Machen sich schön auf dem Sarg im „Goldenen Apostel". Vornehm.

Claire Zachanassian: Ich werde dich in deinem Sarg nach Capri bringen. Ließ ein Mausoleum errichten im Park meines Palazzos. Von Zypressen umgeben. Mit Blick aufs Mittelmeer.

Ill: Kenne ich nur von Abbildungen.

Claire Zachanassian: Tiefblau. Ein grandioses Panorama. Dort wirst du bleiben. Bei mir.

Ill: Nun ist auch „O Heimat süß und hold" zu Ende.

Gatte IX kommt zurück.

Claire Zachanassian: Der Nobelpreisträger. Kommt von seiner Ruine. Nun, Zoby?

Gatte IX: Frühchristlich. Von den Hunnen zerstört.

Claire Zachanassian: Schade. Deinen Arm. Die Sänfte, Roby und Toby.

Sie besteigt die Sänfte.

Claire Zachanassian: Adieu, Alfred.

Ill: Adieu, Klara.

Die Sänfte wird nach hinten getragen, Ill bleibt auf der Bank sitzen. Die Bäume legen ihre Zweige fort. [...] R

1 Notiere die zentralen Themen des Gesprächs zwischen Claire und Ill.

___

___

___

2 Beschreibe das Verhältnis zwischen Claire Zachanassian und Alfred Ill in Stichpunkten. Nutze dazu auch dein Vorwissen aus dem Schülerbuch (→ Schülerbuch, S. 182–190).

___

___

___

3 a) Welche Stimmung wird durch die Regieanweisungen vermittelt? Markiere alle Textstellen, aus denen die Stimmung hervorgeht.

b) Kreuze an, um welche Art von Gespräch es sich handelt, und begründe deine Einschätzung in Stichpunkten.

☐ Diskussion ☐ Verhör ☐ Streit ☐ Plauderei ☐ Verhandlung

4 Beschreibe, wie Claire und Ill sich in der Diskussion verhalten. Nenne Textstellen als Beleg.

Claire Zachanassian wirkt

Alfred Ill

5 Beschreibe die Entwicklung des Gesprächs: Gibt es eine Steigerung oder einen Wendepunkt? Wodurch wird das Ende des Gesprächs bestimmt? Belege deine Aussagen mit dem Text.

6 a) Analysiere folgende Äußerung von Claire mithilfe des Kommunikationsmodells von Friedemann Schulz von Thun (→ Schülerbuch, S. 120 f.).
Notiere in Stichpunkten,
- worüber Claire hier informiert (Sachebene),
- was Claire über sich selbst preisgibt (Selbstkundgabe),
- was die Äußerung über die Beziehung Claires zu Ill aussagt (Beziehung) und
- was Claire bei Ill mit ihrer Äußerung erreichen will (Appell).

Äußerung	Sachebene	Selbstkundgabe	Beziehung	Appell
Claire Zachanassian: „Ich liebte dich. Du hast mich verraten. Doch den Traum von Leben, von Liebe, von Vertrauen, diesen einst wirklichen Traum habe ich nicht vergessen. Ich will ihn wieder errichten mit meinen Milliarden, die Vergangenheit verändern, indem ich dich vernichte." (Z. 51–53)				

b) Welcher Aspekt der Kommunikation steht bei der Äußerung Claires deiner Meinung nach im Vordergrund? Begründe deine Aussage.

____

____

7 Ill antwortet Claire mit folgenden Worten: „Ich danke dir für die Kränze, die Chrysanthemen und Rosen." Auf welchen Teil der Äußerung Claires reagiert er damit?
Stelle begründete Vermutungen an, warum er sich so äußert.

____

____

____

____

8 a) Untersuche die Sprache der Szene: Kreuze an, welche sprachlichen und rhetorischen Mittel du in der Szene findest, und notiere die Zeilenangaben beispielhafter Textstellen als Beleg.

- ☐ Ellipse: ______
- ☐ Personifikation: ______
- ☐ Metapher: ______
- ☐ Hyperbel: ______ (Übertreibung)
- ☐ Understatement: ______ (Untertreibung)
- ☐ Ironie: ______
- ☐ parataktischer Satzbau : ______ (überwiegend kurze (Haupt-)Sätze)
- ☐ hypotaktischer Satzbau: ______ (zahlreiche Satzgefüge)

b) Wähle zwei auffällige sprachliche Mittel aus und erläutere ihre Wirkung in Stichpunkten. Unterscheide dabei in Äußerungen Claires und Äußerungen Ills.

1. ______

______

2. ______

______

9 Das Drama „Der Besuch der alten Dame" wird auch als „grotesk" bezeichnet. Laut Duden bedeutet grotesk „durch eine starke Übersteigerung oder Verzerrung absonderlich übertrieben, lächerlich wirkend".
Wende diese Bezeichnung auf die Szene an und belege sie mit geeigneten Textstellen (Zeilenangaben).

______

______

______

Eine Szene anhand von Leitfragen interpretieren

1 Bereite deine Szeneninterpretation vor, indem du folgenden Schreibplan ausfüllst:

Teile der Textinterpretation	Stichpunkte
Einleitung: Autor/-in, Titel, Textsorte, Entstehungszeit, Thema der Szene	*Friedrich Dürrenmatt, „Der Besuch der alten Dame",*

Hauptteil – Einordnung der Szene in den Handlungsverlauf – Knappe Zusammenfassung der Handlung der Szene – Darstellung der Ergebnisse der Figuren- und Gesprächsanalyse	Textauszug aus 3. Akt: 1. Akt: Claire kehrt nach 45 Jahren nach Güllen zurück, lobt eine Milliarde Belohnung für Ermordung Ills aus;
Schluss Kurze Zusammenfassung der Ergebnisse	

2 Verfasse eine schriftliche Interpretation der Dramenszene. Schreibe in dein Heft.

Checkliste	**Eine Dramenszene interpretieren**
Figuren- und Gesprächsanalyse	✓ Erschließe die **Handlung** der Dramenszene. Beziehe dabei dein Vorwissen zum Drama mit ein. ✓ Untersuche die **Figuren** im Hinblick auf ihre **Absicht** und ihr **(Gesprächs-)Verhalten** sowie auf ihre **Gefühle**. ✓ Untersuche die **Sprache der Figuren**: Wie ist der **Sprachstil** (z. B. Alltagssprache, Umgangssprache, gehobene Sprache, poetische Sprache)? Mit welchen **sprachlichen Mitteln** verfolgen sie ihre Absicht? Gibt es z. B. Übertreibungen, Beschwichtigungen, Ironie, indirekt Mitgeteiltes?
Szeneninterpretation schreiben	✓ **Einleitung:** Benenne Autor/-in, Titel, Textsorte, Thema und Erscheinungsjahr des Dramas. ✓ **Hauptteil:** – Ordne die Szene in den Handlungsverlauf ein, indem du Informationen zur Vorgeschichte, zum Verhältnis der Figuren zueinander und zur nachfolgenden Handlung darstellst. – Fasse die Handlung der vorliegenden Szene zusammen. – Stelle die Ergebnisse deiner Figuren- und Gesprächsanalyse dar. Belege deine Aussagen zum Text mit geeigneten Zitaten. ✓ **Schluss:** Fasse die Untersuchungsergebnisse zusammen und deute sie. Beurteile dazu den Dialog bezüglich seiner Bedeutung für das Drama und für die einzelnen Figuren.

„Die Liebe hemmet nichts …“

S. 192

Den Inhalt eines Gedichts untersuchen

Der Blick *Joseph von Eichendorff* (um 1810)

Schaust du mich aus deinen Augen ______________
Lächelnd wie aus Himmeln an,
Fühl' ich wohl, dass keine Lippe
Solche Sprache führen kann.

Könnte sie's auch wörtlich sagen, ______________
Was dem Herzen tief entquillt,
Still den Augen aufgetragen
Wird es süßer nur erfüllt.

Und ich seh' des Himmels Quelle, ______________
Die mir lang verschlossen war,
Wie sie bricht in reinster Helle
Aus dem reinsten Augenpaar.

Und ich öffne still im Herzen ______________
Alles, alles diesem Blick,
Und den Abgrund meiner Schmerzen
Füllt er strömend aus mit Glück.

1 Formuliere dein erstes Verständnis des Gedichts als Deutungshypothese.

In dem Gedicht geht es um ______________________________

____

____

2 Untersuche den Inhalt des Gedichts genauer:

a) Formuliere zu jeder Strophe eine passende Überschrift und notiere sie neben der jeweiligen Strophe.

b) Untersuche, welche Eigenschaften und Merkmale den Augen bzw. dem Blick in diesem Gedicht zugeschrieben werden.
Notiere deine Ergebnisse als Cluster und belege sie durch Angabe der entsprechenden Verse.

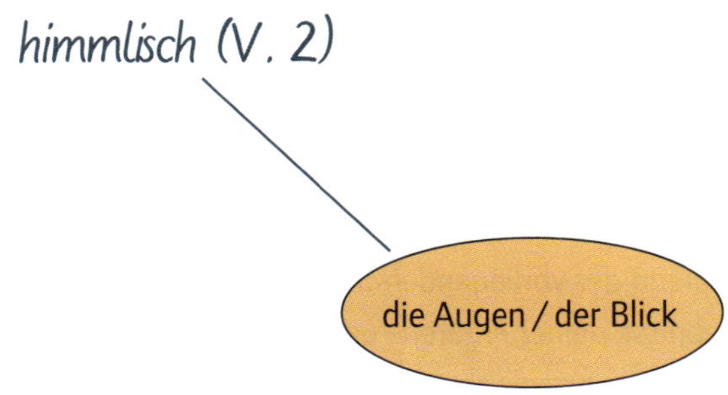

c) Notiere, welche Eigenschaften dem Mund bzw. der Sprache zugeschrieben werden. Gehe vor wie in Aufgabe b.

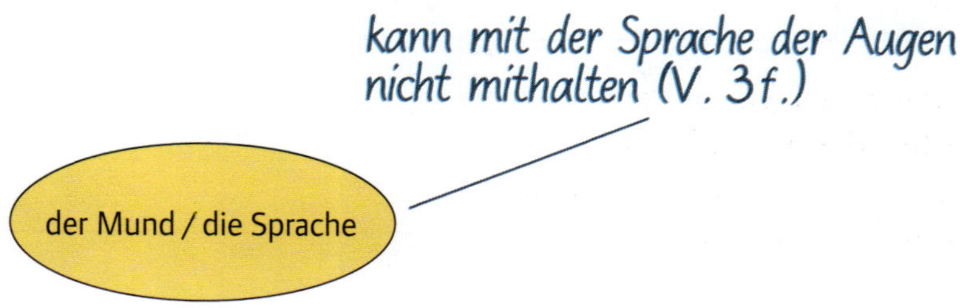

3 a) Fasse in eigenen Worten zusammen, welches Verhältnis das lyrische Ich zum Blick und welches es zum Sprechen hat. Belege deine Aussagen mit Versangaben.

Der Blick bzw. die Augen sind für das lyrische Ich ______________________

____

____

b) Erläutere, welches Verhältnis das lyrische Ich zum lyrischen Du in Eichendorffs Gedicht hat. Belege deine Aussagen mit dem Text.

____

____

____

____

____

4 Überprüfe deine Deutungshypothese aus Aufgabe 1. Kreuze an und begründe in Stichpunkten.

☐ Meine Deutungshypothese wird durch die genauere Untersuchung des Textes bestätigt.

☐ Meine Deutungshypothese hat sich durch die genauere Untersuchung des Textes nicht bestätigt.

Begründung: ______________________________________

____

____

Form und Sprache eines Gedichts untersuchen

1 Untersuche die formale Gestaltung des Gedichts „Der Blick“ von Joseph von Eichendorff (→ S. 42). Ergänze die folgenden Informationen:

Anzahl der Strophen: ________ Anzahl der Verse: ________ Verse je Strophe: ________

Reimschema: ______________________________

Metrum: ______________________________

2 Das Reimschema ist an einer Stelle unterbrochen. Suche die Textstelle und erläutere, welche Wirkung dadurch entsteht. Beziehe dein Vorwissen zum Inhalt des Gedichts mit ein.

Das regelmäßige ______ ist in den Versen ______ und ______

durchbrochen. Dies deutet darauf hin, dass ______

____

____

3 Beschreibe die sprachliche Gestaltung der zweiten Strophe. Achte insbesondere auf den Satzbau und die Verbformen.

____

____

____

4 a) In Eichendorffs Gedicht spielt das Wortfeld „Wasser“ eine besondere Rolle. Notiere alle Begriffe, die zu diesem Wortfeld gehören, mit Zeilenangaben.

b) Erläutere, welche Bedeutung dieses Wortfeld im Hinblick auf die Liebe hat.

Wortfeld „Wasser“:

Bedeutung im Hinblick auf die Liebe: ______________________________

____

____

____

____

5 Im Gedicht werden einige Nomen wiederholt. Markiere sie im Text und erläutere ihre Funktion im Hinblick auf die Aussage des Gedichts.

____

____

____

6 Untersuche, welche sprachlichen (rhetorischen) Mittel Joseph von Eichendorff in seinem Gedicht verwendet hat. Notiere Beispiele aus dem Text.

Sprachliches (rhetorisches) Mittel	**Beispiele aus dem Gedicht „Der Blick"**
Personifikation	„______________________" (V. ____)
Metapher	„______________________" (V. ____)
Symbol	„______________________" (V. ____)
Vergleich	„______________________" (V. ____)
Hyperbel	„______________________" (V. ____)
Enjambement	„______________________" (V. ____) ______________________

7 Wähle zwei sprachliche Mittel aus Aufgabe 6 aus und beschreibe deren Wirkung in Bezug auf den Inhalt.

____

____

____

____

____

____

Ein Gedicht schriftlich interpretieren

S. 200

Die Liebende abermals *Johann Wolfgang Goethe (1807)*

Warum ich wieder zum Papier mich wende? ______
Das musst du, Liebster, so bestimmt nicht fragen:
Denn eigentlich hab ich dir nichts zu sagen;
Doch kommt's zuletzt in deine lieben Hände.

Weil ich nicht kommen kann, soll, was ich sende, ______
Mein ungeteiltes Herz hinübertragen
Mit Wonnen, Hoffnungen, Entzücken, Plagen:
Das alles hat nicht Anfang, hat nicht Ende.

Ich mag vom heut'gen Tag dir nichts vertrauen, ______
Wie sich im Sinnen, Wünschen, Wähnen, Wollen
Mein treues Herz zu dir hinüberwendet.

So stand ich einst vor dir, dich anzuschauen, ______
Und sagte nichts. Was hätt ich sagen sollen?
Mein ganzes Wesen war in sich vollendet.

1. Worum geht es in dem Gedicht? Formuliere dein erstes Verständnis als Deutungshypothese.

______

______

2. Untersuche den Inhalt genauer:
   - Formuliere für jede Strophe eine Überschrift und notiere sie neben der entsprechenden Strophe.
   - Erläutere, in welcher Situation sich das lyrische Ich befindet. Schreibe in dein Heft.

3. a) Bei dem Gedicht „Die Liebende abermals“ handelt es sich um ein Sonett. Begründe inhaltlich und formal.
   b) Beschreibe das Problem, welches das lyrische Ich in den Quartetten aufwirft. Welche Lösung findet es dafür in den Terzetten? Beziehe den Titel des Gedichts in deine Überlegungen mit ein.

4. Bestimme Reimschema und Metrum des Gedichts.

5. Untersuche die sprachliche Gestaltung des Gedichts mithilfe folgender Aufgaben:
   a) Einen Großteil der im Gedicht verwendeten Verben kann man zwei Wortfeldern zuordnen. Markiere sie zunächst in unterschiedlichen Farben und schreibe sie dann geordnet auf.
   b) Untersuche, welche der folgenden sprachlichen (rhetorischen Mittel) sich im Gedicht finden. Kreuze an und notiere Beispiele in deinem Heft.

   - ☐ **Alliteration** (Wiederholung des Anfangslauts)
   - ☐ **Anapher** (Wiederholung am Versanfang)
   - ☐ **Enjambement** (Zeilensprung)
   - ☐ **Ellipse** (unvollständiger Satz)
   - ☐ **Parallelismus**
   - ☐ **Personifikation** (Vermenschlichung)
   - ☐ **rhetorische Frage** (scheinbare Frage)
   - ☐ **Symbol**

   c) Erläutere, wie sich der Zwiespalt, in dem sich das lyrische Ich befindet, sprachlich dargestellt wird.

6 Verknüpfe Inhalt, sprachliche Gestaltung und Deutung. Übertrage folgende Tabelle in dein Heft und ergänze sie:

Inhalt	Sprachliche Gestaltung	Deutung
- Lyrisches Ich schreibt wiederholt Brief an Geliebten (Überschrift und V. 1).	- Rhetorische Frage	- Fiktive Stimme wendet sich an das lyrische Du, ohne eine Antwort zu erwarten.
- …	- …	- …

7 Nimm noch einmal Bezug auf deine Deutungshypothese (→ Aufgabe 1): Hat sich dein erstes Verständnis des Gedichts bestätigt oder nicht? Begründe in Stichpunkten.

____

____

8 Verfasse eine schriftliche Interpretation des Gedichts „Die Liebende abermals“.

Checkliste ✓	**Gedichte untersuchen und interpretieren**
Ein Gedicht untersuchen	Inhalt: ✓ Worum geht es inhaltlich in dem Gedicht, welche Stimmung vermittelt es und welche Motive treten auf? ✓ Welche Rolle spielt das lyrische Ich? ✓ Formuliere dein erstes Verständnis des Gedichts (Deutungshypothese). Form: ✓ Wie viele Strophen und Verse hat das Gedicht? ✓ Gibt es ein durchgängiges Reimschema, z. B. Paarreim (aa bb), Kreuzreim (ab ab) oder umarmenden Reim (ab ba)? ✓ Sind weitere Reimformen zu erkennen, z. B. Alliteration oder Binnenreim? ✓ Ist ein durchgängiges Metrum erkennbar, z. B. Jambus (xx́ xx́ xx́), Trochäus (x́x x́x x́x), Daktylus (x́xx x́xx) oder Anapäst (xxx́ xxx́)? Sprache: ✓ Treten bestimmte Wörter oder Wortarten gehäuft auf? ✓ Werden bestimmte sprachliche Mittel genutzt, z. B. Anapher (Wortwiederholung am Versanfang), Enjambement (Zeilensprung), Metapher, Personifikation oder Vergleich?
Ein Gedicht schriftlich interpretieren	✓ **Einleitung:** Nenne den Titel, die Autorin / den Autor, das Entstehungsjahr, das Thema und gegebenenfalls die Gedichtform (z. B. Sonett). Falls die Epoche (z. B. Barock) bekannt ist, nenne auch diese. ✓ **Hauptteil:** Stelle die Ergebnisse deiner Gedichtuntersuchung dar. Dazu gehören: – die Interpretation des Titels – eine kurze Zusammenfassung des Inhalts – die Rolle des lyrischen Ichs – die Darstellung der äußeren Form im Hinblick auf den Inhalt – die sprachlichen Mittel und die Erläuterung ihrer Wirkung ✓ **Schluss:** Fasse die wichtigsten Ergebnisse deiner Interpretation noch einmal kurz zusammen und nimm Bezug auf dein erstes Textverständnis.

Planet Elektroschrott

Einen Sachtext analysieren

S. 216

Ein Pfand auf Elektrogeräte muss her! *Catherine Hoffmann*

Unschuldig weiß, so präsentieren sich die meisten Apple-Geräte, reinlich und schmuddelfrei. Der Konzern aus dem kalifornischen Cupertino hat Weiß als Design-Farbe groß gemacht. Aus gutem Grund. Zusammen mit dem kühlen, klaren Design der Macs, iPads und iPhones steckt darin die Verheißung der Moderne. Der Traum von einer gerechteren Welt, in der Technik das Leben für viele Menschen besser macht. Das ist bis heute das Versprechen von Apple.

Einleitung: Illusion einer sauberen Technikwelt

Die Verbraucher glauben gern daran. Sie geben sich der Illusion hin, dass die digitale Welt grün und clean ist. Dieses Image verdankt die IT-Industrie ihren cleveren Werbestrategien. Wenn wir Cloud hören, denken wir an etwas Wolkiges und Leichtes; die Bits und Bytes schweben unbekümmert durch eine immaterielle[1] Datenwelt. Doch hinter all diesen federleichten Technologien steckt harte Materie. Keine E-Mail lässt sich versenden, kein Video auf dem Handy gucken, ohne dass mit ungeheurem Aufwand an Ressourcen Geräte gebaut und Serverfarmen betrieben werden. Apple steht da nur beispielhaft für die gesamte Branche.

Die dunkle Seite der digitalen Welt lässt sich zum Beispiel im Kongo besichtigen, wo unter unmenschlichen Bedingungen die kostbaren Erze für Handys und Computer geschürft werden. Hunderttausende Arbeiter, darunter Kinder, hämmern und meißeln in einer modrigen Unterwelt, wo sich die Augen vor Dunkelheit weiten und die Haut bald mit Staub bedeckt ist. Mit altertümlichen Werkzeugen fördern sie Coltan und andere Rohstoffe zutage, ohne die unser modernes Leben schwer vorstellbar wäre. Erze, die in Smartphones, Tablets oder Digitalkameras verarbeitet werden.

Ein schlechtes Gewissen regt sich deshalb bei den wenigsten Verbrauchern. Sollen sich die Kritiker und Moralprediger doch den Mund fusselig reden! Denn erstens: Was kann ein einzelner Konsument schon ausrichten? Wenig. Eben! Zweitens macht es die Globalisierung den Verbrauchern einfach, zu übersehen, wie schmutzig die weiße Digitalwelt ist. Viel zu lang sind die Wertschöpfungsketten, als dass sich noch überblicken ließe, welcher Baustein, welcher Rohstoff aus welchem Winkel der Erde stammt. Man sieht die Schmuddelecken nicht, jedenfalls nicht, wenn man den Apple-Store besucht, damit auf das iPhone 5 endlich das ersehnte iPhone 6 usw. folgt. Ihre Vorgänger, Nummer 3 und 4, sind längst kaputt oder ausgemustert.

1 immateriell: Gegenteil von materiell

Der Elektroschrott wächst Jahr um Jahr. Deutschland produziert davon so viel wie kein anderes EU-Land. Im Durchschnitt, so hat es die Universität der Vereinten Nationen errechnet, werfen deutsche Verbraucher 21,6 Kilo Elektronik weg: alte Fernseher, ausgediente Handys, veraltete Computer und vieles mehr. Elektroschrott, tonnenweise. Würde man die darin verborgenen Schätze heben, wäre Deutschland ein rohstoffreiches Land. Es gäbe Silber, Gold, Platin, Kobalt und Gallium, wertvolle Metalle, Mineralien und seltene Erden in Hülle und Fülle – leider werden sie bislang nur selten als Rohstoffe angesehen, sondern als Abfall.

Nicht einmal die Hälfte des Elektromülls kommt auf den Wertstoffhof und wird recycelt. Der Rest verschwindet einfach im normalen Müll, in Schubladen, auf Hinterhöfen – oder auf afrikanischen Müllhalden, wo alte Gerätschaften unter übelsten Bedingungen ausgeweidet werden. Obwohl viele Bürger, wenn man den Umfragen glauben darf, die Idee der Nachhaltigkeit gut und richtig finden, ist der Umgang mit Ressourcen immer noch vom Wegwerfen geprägt.

Dagegen hilft auch das Elektroschrott-Gesetz von Umweltministerin Barbara Hendricks wenig. Es erlaubt den Deutschen, ihre alten Elektrogeräte nicht nur auf dem Recyclinghof abzuliefern, sondern auch bei Händlern wie Media-Markt oder Saturn. Allerdings nur, wenn die Ladenfläche der Filiale größer ist als 400 Quadratmeter – und das zu entsorgende Gerät kleiner als 25 Zentimeter. Das reicht nicht. Zumal noch nicht einmal gewiss ist, dass der gesammelte Schrott auch fachgerecht wiederverwertet wird.

Wirklich helfen würde ein Pfand auf Elektro- und Elektronikgeräte, das man beim Kauf bezahlt und erst zurückbekommt, wenn die ausgedienten Handys und Fernseher im Wertstoffhof abgeliefert werden. Wer dazu bislang zu bequem war, wird es sich hoffentlich anders überlegen. Zudem sollte der Staat das fachgerechte Recycling organisieren und die Hersteller an den Kosten beteiligen. Schließlich wird es höchste Zeit für einen Herkunftsnachweis für Rohstoffe, mehr noch: für eine Zertifizierung, die dafür sorgt, dass soziale und ökologische Mindeststandards eingehalten werden.

Quelle: Süddeutsche Zeitung vom 02.06.2016

1 Verschaffe dir einen ersten Überblick über den Text und notiere in ein bis zwei Sätzen, worum es in dem Text inhaltlich geht.

____

____

____

2 Unterteile den Text in inhaltlich zusammengehörende Abschnitte und formuliere in der Randspalte passende Zwischenüberschriften.

3 Kreuze an, welche Textfunktion (Intention) in dem Artikel vorherrscht. Begründe in Stichpunkten und mit Textbelegen (Zeilenangaben).

☐ informierend ☐ kommentierend ☐ appellierend ☐ über sich kommunizierend

Begründung: ______________________________

____

4 a) Anhand der Textfunktion (Intention) kann man auch auf die Textsorte eines journalistischen Textes schließen. Ordne die in der linken Spalte genannten Textsorten den passenden Merkmalen zu.
b) Bestimme anhand der Definitionen, um welche journalistische Textsorte es sich bei dem Text „Ein Pfand auf Elektrogeräte muss her!“ handelt. Kreise diese Textsorte ein.

Journalistische Textsorte	Merkmale und Textfunktion (Intention)
Aufruf	Charakteristisch ist eine Mischung zwischen Information, Bewertung und Darstellung persönlicher Beispiele.
Bericht	Die Verfasserin / Der Verfasser stellt ihre/seine Meinung zu einem bestimmten Thema oder Sachverhalt dar.
Kommentar	Vorwiegend informierender Text, der Tatsachen und Zusammenhänge darstellt. Er ist sachlich verfasst und verzichtet auf persönliche Wertungen.
Reportage	Die Verfasserin / Der Verfasser richtet einen Appell an die Leser/-innen und fordert sie zum Handeln auf.

Die sprachlichen Mittel untersuchen

1 a) Untersuche die sprachliche Gestaltung des Artikels (→ S. 48 f.). Unterstreiche dazu in den folgenden Zitaten aus dem Text die sprachlichen Auffälligkeiten:

A „Unschuldig weiß, so präsentieren sich die meisten Apple-Geräte, reinlich und schmuddelfrei.“ (Z. 1 f.) — *wertende Adjektive*

B „Aus gutem Grund.“ (Z. 3) ____________

C „[...] die Bits und Bytes schweben unbekümmert durch eine immaterielle Datenwelt.“ (Z. 9 f.) ____________

D „[...] hämmern und meißeln in einer modrigen Unterwelt.“ (Z. 17 f.) ____________

E „Was kann ein einzelner Konsument schon ausrichten?“ (Z. 23 f.) ____________

F „Keine E-Mail lässt sich versenden, kein Video auf dem Handy gucken [...]“ (Z. 11 f.) ____________

G „[...] welcher Baustein, welcher Rohstoff aus welchem Winkel der Erde stammt.“ (Z. 27) ____________

H „[...] alte Fernseher, ausgediente Handys, veraltete Computer und vieles mehr.“ (Z. 33 f.) ____________

I „[...] im normalen Müll, in Schubladen, auf Hinterhöfen – oder auf afrikanischen Müllhalden [...]“ (Z. 40 f.) ____________

b) Bestimme die unterstrichenen sprachlichen Mittel, indem du den Beispielen die korrekte Bezeichnung aus dem Wortspeicher zuordnest. Achte darauf, dass manche Zitate mehrere sprachliche Mittel enthalten.

Alliteration · Anglizismus/Fachsprache · Aufzählung · Ellipse · Klimax (Steigerung) · Metapher · Parallelismus · Personifikation · rhetorische Frage · wertende Adjektive · Wiederholung

c) Suche jeweils mindestens ein weiteres Beispiel für folgende sprachliche Mittel im Text. Notiere die Beispiele mit Zeilenangaben.

Aufzählungen: ______________________________

____

Ellipsen: ______________________________

Wertende Adjektive: ______________________________

____

2 a) Ein sprachliches Mittel, das an mehreren Stellen im Text verwendet wird, ist das Oxymoron (Verknüpfung gegensätzlicher Begriffe), z. B.:

„Doch hinter all diesen federleichten Technologien steckt harte Materie." (Z. 10 f.)

Suche mindestens zwei weitere Beispiele für Oxymora im Text auf Seite 48 f. und notiere sie mit Zeilenangaben.

____

____

____

b) Untersuche die Funktion der im Text verwendeten Oxymora. Kreuze an, welcher Deutung des folgenden Oxymorons du zustimmst:

Das Oxymoron „federleichte Technologien" – „harte Materie" (Z. 10 f.) …

- ☐ … lenkt die Aufmerksamkeit der Leser/-innen auf diesen Absatz des Textes.
- ☐ … verweist auf den Gegensatz zwischen der Darstellung elektronischer Geräte in den Medien und der Realität in Bezug auf die Herstellung und Entsorgung der Geräte.
- ☐ … veranschaulicht die Werbestrategie einzelner Unternehmen, die elektronische Geräte herstellen.
- ☐ … verdeutlicht, wie schwierig es ist, elektronische Geräte korrekt zu entsorgen.

3 Erläutere anhand jeweils eines Beispiels aus dem Text die Funktion einer Ellipse und einer Aufzählung.

Ellipse: ______________________________

____

____

Aufzählung: ______________________________

____

____

Eine Sachtextanalyse verfassen

S. 226

1. Verfasse eine **Einleitung** für deine Sachtextanalyse. Nenne darin den Titel, die Autorin, die Textsorte, die Textquelle, das Entstehungsjahr und das Thema des Textes in einem Satz.

___

___

___

___

2. Verfasse nun den **Hauptteil**. Gehe so vor und schreibe in dein Heft:

a) Schreibe eine kurze Inhaltsangabe. Verwende dazu die abschnittsweise Gliederung der Textabschnitte sowie deine Zwischenüberschriften (→ S. 49, Aufgabe 2). Nutze die Textbausteine.

In der Einleitung des Textes (Z. ... – ...) ...

Im Anschluss zeigt sie den Gegensatz zwischen ... einerseits und ... andererseits, in der ...

Als Beispiel dafür führt die Autorin ... an und ...

Die Autorin kritisiert schließlich an ...

Als Ausweg aus der Situation betrachtet Catherine Hoffmann ...

Daher appelliert sie abschließend ...

b) Bestimme die Textsorte und erläutere die Textfunktion schriftlich. Nutze deine Arbeitsergebnisse aus Aufgabe 3 von Seite 49.

Bei dem Text von Catherine Hoffmann handelt es sich um ..., dessen vorwiegende Intention es ist, ...

c) Beschreibe die verwendeten sprachlichen Mittel und erläutere die Wirkung anhand konkreter Beispiele. Nutze deine Arbeitsergebnisse aus den Aufgaben 1–3 auf den Seiten 50 f.

Ihre Aussagen unterstützt die Autorin durch die Verwendung zahlreicher sprachlicher Mittel. Besonders auffällig ...

Damit macht die Autorin deutlich, dass ...

Außerdem finden sich im Text ...

3 a) Fasse im Schluss deiner Sachtextanalyse zunächst deine Ergebnisse noch einmal kurz zusammen. Du kannst dafür geeignete Formulierungen aus dem Wortspeicher auswählen.

- Zusammenfassend lässt sich sagen …
- Daraus ergibt sich …
- Insgesamt zeigt sich …
- Abschließend lässt sich feststellen …
- Im Vergleich / Im Unterschied / Im Gegensatz dazu …
- Anhand dieser Beispiele wird deutlich, dass …

b) Formuliere eine kurze Stellungnahme zum Text im Hinblick auf folgende Frage:
Gelingt es der Autorin mit ihrem Text, ihrer Forderung nach einem Pfand auf ausgediente Elektrogeräte Nachdruck zu verleihen?
Du kannst die Formulierungshilfen im Wortspeicher nutzen.

- Die Autorin hat meines Erachtens recht/unrecht, wenn sie sagt, dass …
- In dieser Hinsicht stimme ich der Autorin vollkommen zu … / … widerspreche ich der Autorin …
- Es werden jedoch keine Aussagen dazu gemacht …
- Dagegen ist kritisch einzuwenden …
- Dabei stellt sich allerdings die Frage, inwiefern …
- Einerseits …, andererseits …
- Dafür/Dagegen spricht …
- Daher sollte man …
- Man muss dabei jedoch berücksichtigen …
- Man sollte jedoch bedenken, dass …

Der schlimmste Müllplatz Westafrikas *Alexander Göbel*

Agbobloshie – ein Stadtteil von Ghanas Hauptstadt Accra. Hier liegt die größte Müllhalde für Elektroschrott in Westafrika. Ein riesiges Gelände am Rande einer ölverdreckten, stinkenden Lagune.

Überall brennen alte Elektrogeräte: Kühltruhen, Fernseher, Drucker, Computer. Grellgrüne Flammen steigen meterhoch auf. Dazu dicker schwarzer Qualm. Schwefel beißt in meinen Augen. Das Atmen fällt schwer. Mein Kopf dröhnt. Die Haut juckt. Auf der Zunge liegt ein metallischer Geschmack.

Der verseuchte Boden ist heiß. Nach kurzer Zeit lösen sich die Sohlen meiner Schuhe ab. Der Rauch von den verbrannten Fernsehern und Rechnern ist so schwarz, dass man die Sonne nicht mehr sieht. Und man bekommt auch keine Luft mehr.

Überall sind Kinder und Jugendliche damit beschäftigt, den Schrott auszuschlachten. Etwa 500 sollen es regelmäßig sein. Sie schmelzen Kabel und Platinen, wollen ran an das Metall, das hier verarbeitet ist: Kupfer, Aluminium, Blei.

Peter, elf Jahre alt, mit Plastiksandalen und zerrissenem T-Shirt, wirft eine Kühlschrank-Isolierung in die Flammen. Mit einem Stein zertrümmert er alte Bildschirme. Manchmal zieht er auch einen Lautsprechermagneten hinter sich her. Daran bleiben immer ein paar Metallteile haften: Platinen, Schrauben, Kupferdrähte. Die könne er bei den Händlern verkaufen, sagt Peter. Seine Stimme verrät, wie krank ihn seine Arbeit macht. „Was ich verdiene, gebe ich meiner Mutter. Sie bezahlt damit meine Schulbücher und den Lehrer."

Wenn er einen Cedi für seinen gesammelten Metallschrott bekommt, ist er zufrieden. Mit zwei Cedi – nicht einmal einem Euro – wäre er richtig glücklich.

Der Elfjährige zeigt seine von Glas und scharfen Metallkanten zerschnittenen Arme und Beine. Die Wunden sind entzündet. Und er klagt über Kopfschmerzen. Wie extrem giftig die Dämpfe sind, die er jeden Tag einatmet, weiß er nicht. Er weiß nur, dass viele Kinder auf dem Schrottplatz deswegen keine Luft mehr bekommen und Blut spucken. Manche, erzählt Peter, hätten auch Probleme mit den Augen.

Auch seine Geschwister arbeiten hier. Peters Mutter verkauft Süßigkeiten an der Straße. Wo sein Vater ist, weiß er nicht.

Seit mehr als zehn Jahren gibt es die Müllhalde Agbobloshie. Um das Gelände herum hat sich eine ganze Stadt von Läden entwickelt, in denen alte Elektrogeräte gehandelt werden. 15 bis 20 Prozent funktionieren vielleicht, sagt der Umweltaktivist Mike Anane. Der Rest lande bei den Schrotthändlern oder bei den Kindern.

„Der Lkw da vor uns ist voll mit Kühlschränken. Alles Schrott. Alles aus dem Westen. Dort will sie niemand mehr. Hier lädt man sie einfach ab. Das ist ein Skandal. Tonnenweise kommt das Zeug hier an. 500 Container-Ladungen. Aus den USA, Schweden, Deutschland, Finnland, von überall her. 500 Container pro Monat!"

Das Baseler Übereinkommen, das auch Deutschland unterschrieben hat, verbietet den Export von technischem Schrott aus Europa. Doch Recycling nach EU-Standards ist teuer. Das Geschäft mit Second-Hand-Ware ist in Afrika lukrativ. Ob die Geräte, die nach Afrika verschifft werden, auch tatsächlich funktionieren, spielt für rücksichtslose Händler keine Rolle. In den Häfen in Europa würden die Geräte eben kaum getestet und kontrolliert, sagt Mike Anane.

Außerdem hielten am Hafen von Accra korrupte Zollbeamte gerne die Hand auf, um den Schrott durchzuwinken.

„Die Industrieländer, die EU, sie wissen natürlich, wo ihr Elektroschrott ist. Er wird illegal hierher transportiert. Und jeder weiß, dass Ghana keine Möglichkeiten hat, diesen Müll entsprechend zu entsorgen. Es ist eine moralische Frage, ob man den Schrott dann trotzdem hierher bringt. Wenn Europa den Elektromüll nicht will, ist das eine Sache, aber dann sollte Ghana ihn nicht abbekommen."

Kurz vor Sonnenuntergang stolpere ich noch über die Reste eines alten Kopiergeräts. Ein Stempel verrät: Es stammt aus Köln. Auf einem Aufkleber an der Seite ist zu lesen: *„Dieses Gerät ist für den Gebrauch von recyclebarem Papier geeignet."*

Quelle: Deutschlandfunk Kultur vom 01.09.2015

1 a) Untersuche Inhalt und Aufbau des Textes. Gliedere den Text dazu in inhaltlich zusammenpassende Absätze und notiere geeignete Zwischenüberschriften in der Randspalte.

b) Kläre Textfunktion und Textsorte. Belege deine Einschätzung mit dem Text.

c) Analysiere und erläutere die sprachliche Gestaltung des Textes. Achte z. B. auf den Sprachstil, die Leseransprache, die Wortwahl und auf besondere sprachliche Mittel.

2 Verfasse eine vollständige Sachtextanalyse für den Text „Der schlimmste Müllplatz Westafrikas".

Checkliste ✓	**Einen Sachtext analysieren und eine Sachtextanalyse verfassen**
Einen Sachtext analysieren	✓ Untersuche **Inhalt** und **Aufbau** des Sachtextes. Nutze geeignete Strategien, z. B. den Text überfliegen, den Text gliedern und Zwischenüberschriften formulieren, wichtige Informationen markieren und schwierige Begriffe klären. ✓ Kläre die **Textfunktion (Intention)**: Handelt es sich z. B. um einen informierenden, einen kommentierenden oder einen appellierenden Text? ✓ Kläre die **Textsorte**: Ist der Text ein Bericht, ein Kommentar oder eine Reportage? ✓ Untersuche die **sprachliche Gestaltung** des Textes. Achte auf den Sprachstil (z. B. sachlich oder provokant), die Leseransprache, den Satzbau, die Wortwahl und die Verwendung besonderer sprachlicher Mittel (z. B. Metapher, Parallelismus, Personifikation, Oxymoron oder Vergleich).
Eine Sachtextanalyse verfassen	Einleitung: ✓ Nenne den Titel, die Autorin / den Autor, die Textquelle, die Textsorte, das Entstehungsjahr (wenn bekannt) und das Thema des Textes in einem Satz.
	Hauptteil: ✓ Stelle den Aufbau und die gedankliche Gliederung des Textes dar und fasse den Inhalt strukturiert zusammen. ✓ Erläutere die Textfunktion (s. o.) anhand von Textbelegen. ✓ Beschreibe die sprachlichen Auffälligkeiten des Textes und erläutere ihre Wirkung. Belege deine Aussagen mit dem Text.
	Schluss: ✓ Fasse am Schluss deine Ergebnisse kurz zusammen und nimm Stellung zum Text.

Sprache untersuchen

Was kannst du schon?

Innovationen, die die Welt verändert haben: Die Anästhesie (1846) *Marcel Hänggi*

(1) Man kann sich ein Leben ohne Computer vorstellen. (2) Ohne Auto. (3) Sogar ohne Telefon. (4) Aber wer möchte heute nur eine kleine Zahnextraktion ohne Anästhesie erleiden? (5) Nimmt man Unverzichtbarkeit als Kriterium, steht die Anästhesie ganz oben auf der Liste. (6) Das sahen auch die Zeitgenossen ihrer Erfindung – offiziell 1846 – so, welche die Anästhesie in ihren Publikationen bejubelten. (7) Aber wie sah es die schweigende Mehrheit? (8) Es ist verblüffend: (9) In Tagebüchern und ähnlichen Zeugnissen von Ärzten jener Zeit wird die epochemachende Erfindung oft nur beiläufig erwähnt. (10) Die meisten Chirurgen nahmen „kleinere" Operationen wie etwa die Amputation eines Fingers noch lange bei vollem Bewusstsein des Patienten vor. (11) Der erste Versuch, mit Lachgas Operationsschmerzen zu tilgen, wurde übrigens bereits 1800 in einem viel beachteten medizinischen Fachblatt publiziert. (12) Die Medizin hatte es mit diesem Durchbruch nicht gerade eilig …

1 Unterstreiche alle Prädikate im Text.

2 a) Ermittle die Anzahl der Satzglieder in den Sätzen (9) und (10).
Denke daran: Alle Teile eines Satzes, die du ins Vorfeld des Satzes stellen kannst, sind Satzglieder.
b) Schreibe alle Satzglieder heraus und benenne sie.

Satz (9)

Anzahl der Satzglieder: ______

Benennung der Satzglieder: in Tagebüchern und ähnlichen Zeugnissen von Ärzten (adv. Best. d. Ortes);

Satz (10)

Anzahl der Satzglieder: ______

Benennung der Satzglieder:

3 Einige Satzglieder sind sehr umfangreich, da sie durch Attribute angereichert sind.
Welche Attributarten werden im Text verwendet? Ergänze die folgende Übersicht entweder mit einem Beispiel aus dem Text oder der korrekten Bezeichnung des Attributs:

Art des Attributs	Beispiel
Adjektivattribut	
	die Zeitgenossen ihrer Erfindung (Z. 6)
Präpositionalattribut	
	wie etwa die Amputation eines Fingers (Z. 12 f.)
Attributsatz/Relativsatz	

4 a) Untersuche, in welchem Modus Satz (5) steht.

Satz (5) steht im ____________________

b) Wandle Satz (5) in den Konjunktiv II um und erläutere in Stichpunkten, wie sich die Aussage dadurch verändert.

Nähme man ____________________

5 Gib die Sätze (10) bis (12) in indirekter Rede wieder. Berücksichtige dabei Modus und Tempus der Redewiedergabe.
Schreibe in dein Heft.

Der Autor Marcel Hänggi ...

6 a) Verwandle die Sätze (8) und (9) in ein Satzgefüge.

b) Kreuze an, welche Funktion der Nebensatz hat, der dabei entstanden ist.

☐ Adverbialsatz ☐ Attributsatz/Relativsatz ☐ Objektsatz ☐ Subjektsatz

7 Formuliere Satz (4) so um, dass ein Verb-Erstsatz als Fragesatz entsteht.

8 Überprüfe deine Lösungen anhand des Lösungshefts und berichtige sie, falls notwendig.

Adverbiale Bestimmungen, Attribute und Präpositionalobjekte unterscheiden

Melitta Bentz (1873–1959) erfindet den Kaffeefilter

Trotz Kapselmaschinen und Kaffeevollautomaten ist er für Genießer klassischen Kaffees immer noch jeden Morgen ein wichtiges Utensil: der Kaffeefilter samt Filteraufsatz.
Wahrscheinlich mochte Melitta Bentz aus Dresden keinen Kaffeesatz. Deshalb nahm sie eines Tages das Löschpapier aus den Schulheften ihrer Söhne heraus, legte es in eine Konservendose, deren Boden sie mit einem Nagel durchlöchert hatte, und filterte mithilfe dieser Konstruktion ihren Kaffee. Anschließend führte sie ihre Erfindung ihren Freundinnen vor. Bei Zweifeln an der Brauchbarkeit der Konstruktion hätte Melitta Bentz auf eine Weiterentwicklung verzichtet. 1908 konnte sie jedoch aufgrund der vielen positiven Rückmeldungen aus ihrem Bekanntenkreis für ihre Konstruktion das Patent anmelden. Der Melitta-Filter war entstanden.

1 a) Unterstreiche alle adverbialen Bestimmungen (Adverbialien) im Text.
b) Trage für jede der folgenden Arten adverbialer Bestimmungen mindestens ein Beispiel aus dem Text ein.

lokal (Ort: *Wo? Woher? Wohin?*): ______________________

temporal (Zeit: *Wann? Seit wann? Wie lange?*): ______________________

kausal (Grund: *Warum? Weshalb?*): ______________________

konzessiv (Einräumung: *Trotz welcher Umstände?*): ______________________

final (Zweck: *Wozu?*): ______________________

modal (Art und Weise: *Wie? Womit? Wodurch?*): ______________________

konditional (Bedingung: *Unter welcher Bedingung?*): ______________________

2 a) Adverbiale Bestimmung, Attribut oder Präpositionalobjekt? Kreuze an, um welche Art eines präpositionalen Gefüges es sich bei den unterstrichenen Satzteilen jeweils handelt.
b) Notiere in der rechten Spalte, mithilfe welcher Probe du das Satzglied bzw. Satzgliedteil jeweils ermittelt hast:

Beispielsatz	Adv. Bestimmung	Attribut	Präpositionalobjekt	Probe
A Melitta Bentz aus Dresden mochte keinen Kaffeesatz.	☐	☐	☐	______
B Deshalb entwickelte sie aus einer Dose einen Kaffeefilter.	☐	☐	☐	______
C Der Kaffee floss durch kleine Löcher aus der Dose.	☐	☐	☐	______
D Das Prinzip von Melitta Bentz funktionierte tatsächlich.	☐	☐	☐	______
E Viele haben sich auf die Weiterentwicklung der Idee gefreut.	☐	☐	☐	______

Satzglieder und Sätze – Ausdrucksvarianten untersuchen und nutzen

Präpositionen, Konjunktionen und Adverbien als Mittel der Verknüpfung

Barbe-Nicole Cliquot (1777–1866) erfindet die Rüttelmethode zur Champagner-Herstellung

(1) Nach dem plötzlichen Tode ihres Mannes übernahm seine Witwe (französisch *Veuve*) Barbe-Nicole Cliquot 1826 (2) trotz ihrer erst 27 Jahre die Leitung (3) der später weltberühmt gewordenen Champagner-Kellerei *Veuve Cliquot.* In dieser Situation erfand sie „notgedrungen" die sogenannte Rüttelmethode. Ihr fiel nämlich auf, dass (4) bei dem Versuch, bei der Gärung entstandene Ablagerungen zu entfernen, Kohlensäure entwich. Das beeinträchtigte die Produktion. Bei der (5) von Cliquot entwickelten Rüttelmethode werden die Flaschen (6) mit dem Hals schräg nach unten gelagert und täglich gerüttelt, (7) sodass sich die Ablagerungen aus Hefe und Zucker am Korken sammeln und einfach entfernt werden können. Das Verfahren bewirkte (8) eine Beschleunigung der gesamten Produktion, (9) weil die Flaschen nach Entfernung der herausgerüttelten Ablagerungen früher verkorkt werden konnten.

1 Wandle die unterstrichenen Satzglieder und Satzgliedteile in (1)–(6) und (8) in Gliedsätze bzw. Relativsätze um. Nutze dafür geeignete Konjunktionen aus dem Wortspeicher.

als · nachdem · bevor · während · damit · sodass · obwohl · obgleich · um ... zu · dass · weil · bis · bevor · ehe · sobald · sowie · wenn · seit · indem · solange · sooft · sowie · falls · sofern · wohingegen · anstatt ... zu · ohne ... zu · da · auf dass

(1) Nachdem ihr Mann plötzlich verstorben war, ...

(2) ..., obwohl

2 Wandle die blau unterlegten Nebensätze (7) und (9) im Text auf Seite 59 in Hauptsätze um, sodass Satzreihen anstelle der Satzgefüge entstehen.
Verwende dazu passende Adverbien aus dem Wortspeicher und stelle die Sätze bei Bedarf um.

Die Flaschen wurden täglich gerüttelt, infolgedessen

trotzdem • dennoch • jedenfalls • daher • deshalb • aus diesem Grund • dabei • so • unter diesen Umständen • danach • davor • währenddessen • infolgedessen • also • auf diese Weise • nämlich

3 a) Benenne die Funktion der folgenden Adverbien und notiere sie in Klammern.
b) Entwickle mit jedem Adverb Satzreihen, in denen die inhaltliche Funktion deutlich wird.

trotzdem *(konzessiv): Auch erfolgreiche Erfinder/-innen erleiden manchmal Rückschläge, trotzdem bleiben sie ihrer Idee treu.*

also (   ):

deshalb (   ):

währenddessen (   ):

4 a) Wähle 10 Präpositionen aus folgendem Wortspeicher aus und bilde mit ihnen adverbiale Bestimmungen (Adverbialien) wie im Beispiel. Schreibe in dein Heft.
b) Formuliere die adverbialen Bestimmungen in Gliedsätze mit derselben inhaltlichen Aussage um.
Nutze bei Bedarf geeignete Konjunktionen aus dem Wortspeicher von Aufgabe 1 (→ S. 59).

trotz • wegen • während • bei • infolge • aufgrund • statt • anstelle • zufolge • dank • mangels • kraft • angesichts • anlässlich • unter • laut • zeit • über • zu • mittels • um … Willen • durch • zwecks • zuliebe • gemäß • entsprechend • gegen • zuwider • in

Adverbiale Bestimmung: *Dank Mme Cliquots Erfindung des Rüttelns …*
Gliedsatz: *…, weil Mme Cliquot das Rütteln erfand …*

Adverbiale Bestimmung: *Dank …*
Gliedsatz: *…, weil*

Die Erfindung des Scheibenwischers durch Mary Anderson (1866–1953)

Das genaue Datum der Erfindung des Scheibenwischers durch Mary Anderson ist nicht bekannt. Vermutlich war die Beobachtung von Straßenbahnfahrern beim Öffnen der Fenster trotz eisiger Kälte im Winter zur Vermeidung der Vereisung die Grundlage ihrer Idee, möglicherweise auch das Aussteigen der Autofahrer im Winter zur Befreiung der Scheiben von Schnee oder auch eigene Erfahrungen mit der Notwendigkeit des Anhaltens bei starkem Regen. Im Jahr 1903 erfolgte die Einreichung des Patents für den Scheibenwischer durch Mrs Anderson und zehn Jahre nach der Einreichung war der Scheibenwischer selbstverständlicher Teil der Standardausrüstung jedes Autos.

5 a) Unterstreiche die Wortgruppen, die den Text schwer lesbar machen.
b) Schreibe den Text in einen besser lesbaren Text um.

Es ist nicht bekannt, wann genau Mary Anderson

c) Notiere in Stichpunkten, wie du den Text verändert hast.

Otto von Guericke (1602–1686) – Entdecker des Vakuums

Otto von Guericke stellte ein Vakuum her. Er bemerkte Kräfte. Er schrieb sie den Lufteigenschaften zu. Die Luft ist schwer. Das ist mit einer Waage zu bestimmen. Er wog ein luftleeres Gefäß. Er ließ Luft einströmen. Er ließ erneut wiegen. Er maß die Differenz. Sie war das Gewicht der eingeströmten Luft.
Er baute ein Barometer, das Wettermännchen. Er beobachtete. Der Zustand der Luft änderte sich gewaltig. Sie wurde leicht. Die Figur stellte sich auf den untersten Punkt der Skala. Guericke konnte ein unerwartetes Unwetter voraussagen. Das tobte woanders. Es kam später nach Magdeburg. Guericke machte Wetterbeobachtungen. Er wagte Wettervorhersagen. Er war der Erste.

6 Forme den Text über Otto von Guericke in einen verständlichen Text um, indem du die Aussagen miteinander verknüpfst. Nutze z. B. Konjunktionen und Adverbien. Schreibe in dein Heft.

Als Otto von Guericke ein Vakuum herstellte, ...

Varianten des Attributs nutzen

1 Unterstreiche und bestimme die Attribute.

A eine praktische Erfindung (____________________)

B eine Erfindung, die der Menschheit nützt (____________________)

C eine Erfindung ohne praktischen Nutzen (____________________)

D Gutenberg, berühmt für die Erfindung des Buchdrucks (____________________)

E die Erfindung der Dampfmaschine (____________________)

2 Ohne Attribute ist der folgende Text nicht aussagekräftig. Formuliere den Text um, indem du geeignete Attribute aus dem Wortspeicher ergänzt.

Verkannte Erfinder

Der Traum wird leider für Erfinder nicht wahr. So war Heron die Anerkennung nicht vergönnt. Heron lebte im 1. Jahrhundert in Alexandria. Der Mathematiker und Ingenieur konstruierte Türen. Hatte er sich der Hilfe bedient? Mitnichten. Heron nutzte das Wasser zur Erzeugung. Mit dem Druck bewegte er Seilwinden. Er hatte eine Dampfmaschine erfunden. Auch die Römer nutzten die Möglichkeiten nicht, da sie Sklaven hatten.

die schwere Arbeit verrichten konnten • die von Technik begeistert waren • seiner Zeitgenossen • ~~vom Erfolg~~ • viele • von Alexandria • nach Christus • dem damaligen Zentrum griechisch-römischer Wissenschaft • die sich wie von Geisterhand öffneten, wenn ein Priester das heilige Feuer in einer Schale vor dem Tempel entzündete • findig • der Götter • vom Feuer erhitzte • der so entstand • eine Mechanik, die die Griechen als Spielerei ansahen • der Dampfmaschine • hinreichend • genial • von Wasserdampf

Der Traum vom Erfolg wird leider für viele Erfinder nicht wahr.

Möglichkeiten der Redewiedergabe

Ein 14-Jähriger als Erfinder

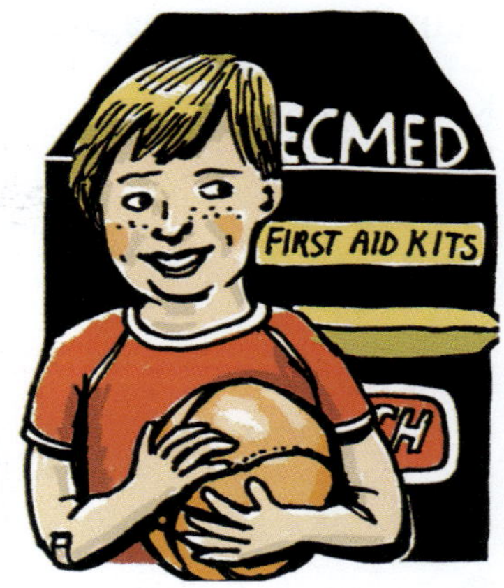

Taylor Rosenthal ist 14 Jahre alt. Er spielt gern Basketball und hat dabei eine Marktlücke entdeckt: fehlendes Verbandsmaterial in den Sporthallen. Mit seiner Erfindung begeistert er Investoren. Am Rande des „TechCrunchDisrupt"-Kongresses erzählt er dem Nachrichtensender CNN:
„Wir sollten für ein Schulprojekt eine Geschäftsidee entwickeln. Ich spiele seit neun Jahren Basketball und da war es oft so, dass noch nicht einmal ein Pflaster aufzutreiben war, wenn sich in der Halle ein Spieler verletzte. Also war meine erste Idee, Verbandsmaterial bei den Spielen zu verkaufen. Ich stellte aber schnell fest, dass mit den Verkäufern zu hohe Personalkosten entstehen. Diese Kosten kann man nur mit einem Verkaufsautomaten vermeiden. So habe ich einen Prototyp skizziert und ihn patentieren lassen. Mit 100 000 Dollar Startkapital, das ich gesammelt hatte, konnte ich mein Unternehmen RecMed gründen. Dass ich nun sogar auf dem Kongress „TechCrunchDisrupt" meine Idee vorstellen und um Investoren werben darf, ist toll."

1 Schreibe einen Zeitungsbericht über Taylor Rosenthal und seine Erfindung. Gib dabei seine Aussagen in indirekter Rede wieder. Vermeide dabei die Umschreibung mit *würde*. Schreibe in dein Heft.

Wunderkind Jack Andraka

Der 15-jährige Jack Andraka hat den mit 75 000 Dollar dotierten Hauptpreis der Internationalen Wissenschafts- und Ingenieursmesse in Pittsburgh (Pennsylvania) im Bereich Medizin für die Entwicklung eines Teststreifens gewonnen, der das Protein Mesothelin erkennt. Dieses Protein kommt bei Krebserkrankungen im Blut vor.
Auf die Frage, wie er zu einem Forscher geworden sei, erzählt er, dass er schon als Dreijähriger experimentiert habe. Sein Bruder und er hätten alles ins Wasser fallen lassen, was sie in die Hände bekommen hätten. Und er habe sich gefragt, warum ein Gegenstand geschwommen und ein anderer untergegangen sei. Vater und Mutter hätten seine Fragen nicht beantwortet, sondern ihm gesagt, er solle es selbst herausfinden. Das habe er getan und auf diese Weise habe er die wissenschaftliche Methodik gelernt. Schon mit sechs Jahren habe er dann an Erfinderwettbewerben teilgenommen.
Die Idee zu seinem Teststreifen sei ihm im Biologieunterricht gekommen, nachdem ein Onkel an Krebs erkrankt sei. Er habe zunächst vorliegende Studien ausgewertet und am Computer recherchiert, sei aber nicht weitergekommen, weil er keinen Zugang zu einem Labor gehabt habe. Schließlich habe aber ein Professor an der Johns-Hopkins-Universität ihn in seinem Labor arbeiten lassen.
Auf die Frage nach der Verwertbarkeit seiner Erfindung verweist Jack Andraka stolz darauf, dass die Materialien für seinen Krebstest nur drei Cent kosteten, das sei 26 000-mal preiswerter als die gängigen Nachweisverfahren. Und der Test habe sich bisher in 90 Prozent der Fälle als zuverlässig erwiesen.

2 Dem Bericht über Jack Andraka liegt ein Interview zugrunde. Wie könnte es ausgesehen haben? Forme die Zeilen 9–15 in ein Interview um. Ergänze dafür passende Reporterfragen. Schreibe in dein Heft.

3 Fasse den Bericht im Heft knapp zusammen. Vermeide dabei die direkte oder indirekte Redewiedergabe.
Der 15-jährige Jack Andraka ... Auf die Frage nach seinem Werdegang zum Forscher berichtet er von ersten Experimenten mit Wasser, bei denen er sich die Frage nach der Schwimmfähigkeit verschiedener Gegenstände stellte ...

Modalität – Möglichkeiten der Aussagefärbung

Den Konjunktiv II nutzen

Kein Strom *Franz Xaver Kroetz*

Kein Strom
Keine Arbeit
Keine Arbeit
Kein Geld
Kein Geld
Keine Nahrung
Keine Nahrung
Kein Leben

1 Ergänze die Gedichtzeilen in deinem Heft zu ganzen Sätzen. Setze dabei die Verben einmal:
- in den Indikativ (z. B. *ich gebe / ich gehe*)
- in den Konjunktiv II Präsens (z. B. *ich gäbe / ich ginge*)
- in den Konjunktiv II Präteritum (z. B. *ich hätte gegeben / ich wäre gegangen*)

- *Wenn es keinen Strom gibt ...*
- *Wenn es keinen Strom gäbe ...*
- *Wenn es keinen Strom gegeben hätte ...*

2 a) Ergänze den folgenden Text durch die Verben in Klammern im passenden Modus.
b) Benenne den Modus und notiere das Verhältnis des Sprechers zur jeweiligen Aussage.

	Modus	**Verhältnis des Sprechers zur Aussage**
A Wenn Elisha Gray früher (1) *gekommen wäre* (kommen), (2) *gälte* (gelten) er heute als Erfinder des Telefons.	(1) *Konj. II Prät.* (2) *Konj. II Präs.*	(1) *nicht realisierbar* (2) *möglich*
B Wenn seine Zeitgenossen Reis als Erfinder des Telefons (1) ____________ (ehren), (2) ____________ er vielleicht nicht verbittert ____________ (sterben).	(1) (2)	(1) (2)
C Ob Bell und Gray wohl (1) ____________ ____________ (kooperieren), wenn sie voneinander (2) ____________ ____________ (wissen)?	(1) (2)	(1) (2)
D Heutzutage (1) ____________ (können) Wissenschaftler weltweit kooperieren, wenn sie (2) ____________ (wollen).	(1) (2)	(1) (2)

3 Wünsch dir was! Wie sähe ein technisches Gerät ganz nach deinen Wünschen aus? Was könnte es? Wozu würdest du es verwenden? Welche Erleichterung brächte es?
Schreibe fünf Sätze, in denen deutlich wird, dass das Gerät noch nicht realisiert ist. Vermeide Ersatzformen mit *würde*.

Erfände ich ein neuartiges technisches Gerät,

4 Sortiere die Modalausdrücke aus dem Wortspeicher nach dem Grad der Gewissheit.

vermutlich · sicherlich · vielleicht · hoffentlich · wohl · unter Umständen · bekanntlich · möglicherweise · mit Sicherheit · mit größter Wahrscheinlichkeit · auf jeden Fall

5 Was macht eine Erfinderin / einen Erfinder aus?
Moduliere folgende Aussagen durch den Einsatz von Modalausdrücken aus dem Wortspeicher in Aufgabe 1 so, dass sie deinen Vorstellungen von einer Erfinderin / einem Erfinder entsprechen. Verknüpfe die Aussagen sinnvoll.

Erfinder/-innen unterscheiden sich von anderen Menschen. Sie sind von einem Erfindervirus infiziert. Sie sind verrückt. Sie sind genial. Sie sind beharrlich. Sie sind eher praktisch veranlagt. Sie sind gut gebildet. Sie sind mit einer ordentlichen Portion Vorstellungskraft gesegnet. Sie sind kreativ.

Vermutlich unterscheiden sich Erfinder/-innen von anderen Menschen, obwohl sie mit Sicherheit nicht

6 a) Setze die Modalverben *soll, darf, kann, will* und *muss* in die Aussage „Peter wird Erfinder" ein und bestimme anschließend die Färbung der Aussage nach Notwendigkeit, Absicht, Erlaubnis oder Möglichkeit.

b) Setze die Modalverben *sollte, dürfte, könnte, möchte* und *müsste* in den Satz ein und vergleiche die Aussagefärbung.

soll · darf · kann · will · muss	Färbung der Aussage	sollte · dürfte · könnte · möchte · müsste	Färbung der Aussage
Peter soll Erfinder werden.	Notwendigkeit	Peter sollte Erfinder werden.	

7 a) Unterstreiche im Text die Mittel, mit denen der Verfasser des Textes deutlich macht, dass nicht nur Tatsachen wiedergegeben werden.

Das Telefon – Produkt mehrerer Erfinder?

Häufig kann man Erfindungen nicht auf einzelne Personen zurückführen. Sie entstehen vielmehr, wenn die Zeit dafür reif ist, und dann hat eine Erfindung oft mehrere Väter. Nach gängiger Auffassung soll Graham Bell das Telefon erfunden haben, weil er sich im Kampf um das Patent durchsetzte. Er reichte seinen Patentantrag am 14. Februar 1876 ein – nur zwei Stunden vor Elisha Gray. Elisha Gray müsste also eigentlich auch als Erfinder des Telefons genannt werden. Vielleicht ist aber auch der Deutsche Philipp Reis der eigentliche Erfinder, denn er konnte nachweislich bereits 1861 mit einem von ihm erfundenen Apparat telefonieren. Hätte Reis das nötige Geld gehabt, um die Technik seines Telefons zu verbessern, dann gälte er heute als Erfinder des Telefons. Er starb verbittert 1873.

b) Notiere je ein Beispiel aus dem Text „Das Telefon“ (→ S. 66) für eine

- Tatsachenbehauptung: ______
- hypothetische Aussage: ______
- Aussage der Gewissheit: ______
- Aussage der Möglichkeit: ______
- Aussage der Notwendigkeit: ______

Teste dich! Sprache untersuchen

Herta Heuwer erfindet die Currywurst

(1) Bei vielen ist bekannt, dass die Currywurst (2) nach dem Zweiten Weltkrieg (3) in Berlin entstanden ist. Die Gastronomin Herta Heuwer betrieb (4) seit dem Sommer 1949 einen Imbissstand (5) in der Kantstraße in Berlin-Charlottenburg. Dort servierte sie die Bratwurst (6) vom Rost (7) mit einer „Spezial-Soße“, (8) die sie beim Patentamt eintragen ließ. Frau Heuwer versah ihr Geschäft (9) aufgrund dieser Erfindung später (10) mit Hinweisen wie „1. Currywurst-Braterei der Welt“ oder „Currywurst – eine von uns erdachte Berliner Spezialität“. Die Firma „Kraft“ soll sich (11) nach Darstellung Herta Heuwers später (12) um das Rezept und das Markenrecht bemüht haben. Frau Heuwer soll sich jedoch nicht (13) für dieses Angebot interessiert haben. Sie garantierte (14) zeit ihres Lebens (15) für die unverfälschte Originalzusammensetzung ihrer Soße.

1 Handelt es sich bei den unterstrichenen präpositionalen Gruppen um adverbiale Bestimmungen, Attribute oder Präpositionalobjekte? Notiere die Nummern der Satzteile wie im Beispiel.

Adverbiale Bestimmung: *(1),* ______ Attribut: ______

Präpositionalobjekt: ______

2 Ersetze die unterstrichenen präpositionalen Gefüge (9) und (11) durch entsprechende Gliedsätze mit derselben Bedeutung. Schreibe auf ein extra Blatt.

3 Welche Aussagefärbung nimmt der Autor des Textes in den folgenden Sätzen mit dem Gebrauch des Modalverbs „soll“ vor? Kreuze an.

„Die Firma ‚Kraft‘ soll sich nach Darstellung Herta Heuwers später um das Rezept und das Markenrecht bemüht haben. Frau Heuwer soll sich jedoch nicht für dieses Angebot interessiert haben.“

☐ Notwendigkeit ☐ Absicht ☐ Erlaubnis ☐ Möglichkeit ☐ Behauptung

4 Formuliere die beiden Sätze aus Aufgabe 3 als Redewiedergabe Frau Heuwers. Schreibe auf ein extra Blatt.

Herta Heuwer behauptete, …

5 Verknüpfe die beiden „soll“-Sätze aus Aufgabe 3 in:
- **ein Wenn-dann-Gefüge im Konjunktiv II der Gegenwart**
- **ein Wenn-dann-Gefüge im Konjunktiv II der Vergangenheit**

Schreibe auf ein extra Blatt.

Rechtschreibregeln und -strategien anwenden

Was kannst du schon?

S. 270

Die Olympischen Spiele der Antique

Die antiquen Spiele wurden auf dem heiligen Hein von Olympia ausgetragen. Laut griechischer Mytologie sollen sie von Herakles einem Sohn des Göttervaters Zeus oder Pelops Sohn des phrygischen Königs Tantalos begründet worden sein. Der olympische Wettkampf hatte ursprünglich kultische Bedeutung. Forscher vermuten das ihm feiern für Rhea die Mutter des Zeus zu grunde liegen.

Im sogenannten „goldenen Zeitalter“ waren die Olympischen Spiele (472 – 400 vor Christus) ein Fest dass fünf Tage dauerte von denen der Erste und Dritte von Weihe Handlungen bestimmt waren. Die Spiele begannen mit einer Procession von Priestern Schiedsrichtern Athlethen und Zuschauern die durch ein Tor in den heiligen olympischen Bezirk einzogen. Das Stier-Opfer für Zeus war der erste Höhe-Punkt der Feier dann folgte der Eid der Schiedsrichter und Athlethen die Regeln des Kampfes zu achten.

Die fünf Wettkampftage waren von unterschiedlichen sportlichen Disziplienen bestimmt. Am ersten Tag wurden die Wettkämpfe der Knaben im laufen ringen und Faustkampf durch geführt. Der zweite Tag war den Pferde Wettkämpfen dem wettreiten dem Wagen rennen im „Hippodrom“ und dem berühmten Fünfkampf der Männer mit Diskus werfen weit springen Speer werfen laufen und Ringkampf vorbehalten. Am dritten Tag gab es den Stadion Lauf über die Länge des Stadions (192,27 Meter) und den Doppellauf. Der vierte Tag war der Kampftag mit Ringkampf Faustkampf Pankration („Allkampf“) und Waffen Lauf. Beim Pankration wurde mit bloßen Händen gekämpft und zwar solange bis der Gegner sich nicht mehr wehren konnte. Man durfte schlagen würgen treten an den Ohren reißen es war imgrunde eine kriegerische Übung „auf leben und tot“ dem militärischen Kampf nach verlieren der Waffen nach empfunden. Am letzten Tag der Spiele fanden schließlich die Siegerehrungen Statt.

1 Durch den Verzicht auf Kommas ist das Verständnis des Textes zum Teil erheblich erschwert. Ergänze deshalb zunächst die Kommas.
Achte auf Aufzählungen, Appositionen bzw. nachgestellte Erläuterungen, Satzreihen und Satzgefüge.

2 a) Auch in der Rechtschreibung sind etliche Regelverstöße festzustellen. Unterstreiche zunächst im Text alle fehlerhaft geschriebenen Wörter.
b) Sortiere dann die falsch geschriebenen Wörter oder Wortgruppen, die die Schreibweise nachvollziehbar machen, in der korrekten Schreibung den unten genannten Kategorien zu.

groß/klein: ______________________________

____

____

____

____

(→ Arbeitsheft, S. 70 f.; Schülerbuch, S. 272–277)

getrennt/zusammen: ______________________________

____

____

____

____

(→ Arbeitsheft, S. 72 ff.; Schülerbuch, S. 278–283)

Fremdwörter und „ungewöhnliche“ Wörter: ______________________________

____

____

(→ Schülerbuch, S. 284 f.)

Schreibung von *das/dass:* ______________________________

____

____

(→ Arbeitsheft, S. 79 f.; Schülerbuch, S. 294 f.)

3 a) Überprüfe deine Lösungen mithilfe des Lösungshefts und kläre den Schwerpunkt deines Übungsbedarfs.
b) Informiere dich auf den angegebenen Seiten des Schülerbuchs über die jeweiligen Regeln und Strategien.

Groß oder klein?

S. 272

1 Entscheide über die Groß- und Kleinschreibung und erkläre die Schreibweise in Stichpunkten.

a) A Das __ichtigste ist die Teilnahme. B Die Teilnahme ist am __ichtigsten.
C Die Teilnahme ist __ichtig.

A ____________________

B ____________________

C ____________________

b) A Wichtig ist __eilnehmen, nicht __iegen. B Viele können __eilnehmen, nicht alle können __iegen.

A ____________________

B ____________________

c) A Jeder möchte der __rste sein. B Die __rste Qualifikationsrunde ist sehr aufregend.

A ____________________

B ____________________

d) A die __lympischen Spiele B ein __lympischer Sieg

A ____________________

B ____________________

2 Schreibe folgenden Text in richtiger Groß- und Kleinschreibung in dein Heft.

TEILNEHMEN, KÄMPFEN, SIEGEN – WAS IST FÜR DIE ATHLETEN DAS WICHTIGSTE?

FÜR DIE MEISTEN DER SPORTLICHEN TEILNEHMER ZÄHLT DAS GEFÜHL, ZU DEN BESTEN ZU GEHÖREN, ES IN DEN KLEINEN KREIS DER AUSERWÄHLTEN GESCHAFFT ZU HABEN, AM MEISTEN. SIE HABEN HART TRAINIERT UND WOLLEN IHR BESTES GEBEN, ABER SIE WISSEN, DASS EIN OLYMPISCHER SIEG WIEDER NUR WENIGEN, DEN BESTEN DER BESTEN, ZUKOMMEN KANN, ZUWEILEN AUCH EINFACH DEN GLÜCKLICHSTEN.
BEI DEN OLYMPISCHEN SPIELEN VON SYDNEY ERKLÄRTE PERDITA FELICIEN VOM KANADISCHEN TEAM, DASS SIE TROTZ IHRES AUSSCHEIDENS IN DER ERSTEN QUALIFIKATIONSRUNDE FÜR DEN 100-M-HÜRDENLAUF KEINE SEKUNDE ZÖGERN WÜRDE, WIEDER MITZUMACHEN; VON VIELEN ANDEREN TEILNEHMENDEN ATHLETEN IST ÄHNLICHES ZU HÖREN. SELBST PIERRE DE COUBERTIN, BEGRÜNDER DER OLYMPISCHEN SPIELE DER NEUZEIT, BETONTE SCHON VOR MEHR ALS HUNDERT JAHREN: „DAS WICHTIGSTE AN DEN OLYMPSCHEN SPIELEN IST NICHT DAS SIEGEN, SONDERN DAS TEILNEHMEN."
AUCH DASS ANSTRENGUNG UND DISZIPLIN EINES OLYMPISCHEN ATHLETEN MEHR ZÄHLTEN ALS KÖRPERGRÖSSE, HERKUNFT ODER GESCHLECHT, IST EIN WICHTIGES ELEMENT DES OLYMPISCHEN GEDANKENS. FÜR VIELE IST ABER AUCH EINFACH DIE GEMEINSCHAFT MIT ANDEREN ATHLETEN UND DAS LEBEN IM OLYMPISCHEN DORF ETWAS BESONDERES, DA SIE HIER MIT MENSCHEN ZUSAMMEN SEIN KÖNNEN, DIE EIN ÄHNLICHES LEBEN FÜHREN WIE SIE SELBST.

3 a) Setze die Wörter aus der Randspalte in der jeweils richtigen Schreibung ein. Beachte Schreibvarianten.
b) Überprüfe deine Entscheidung mit einem Rechtschreib- oder Onlinewörterbuch.

A Die Olympischen Spiele sind beliebt bei ______________ und ______________, ______________ und ______________. — *j/Jung und a/Alt g/Groß und k/Klein*

B Jeder sportlich Interessierte ist ______________ der modernen Kommunikationsmittel unmittelbar auf dem ______________ über Siege und Niederlagen. — *d/Dank l/Laufenden*

C Verstärkten Kontrollen zum ______________ hat das Internationale Olympische Komitee (IOC) das Doping bei ______________ noch nicht im Griff. — *t/Trotz w/Weitem*

D Dass sich hieran etwas ändert, ist über ______________ auch nicht zu erwarten. — *k/Kurz oder l/Lang*

E Trotzdem tun viele Funktionäre so, als sei alles auf das ______________ geregelt. — *b/Beste*

F Sie sind überzeugt, sie hätten das ______________ zur Aufklärung und Verhinderung des Dopings getan, unter ______________ durch Sperren der Athleten und Aberkennung von Medaillen. — *i/Ihre a/Anderem*

G Wer ist ______________ am Doping-Missbrauch – die Sportler, die Trainer, die Funktionäre? — *s/Schuld*

H Bei den antiken Wettkämpfen wurde nur der jeweils ______________ als Sieger geehrt. — *e/Erste*

I Heute gibt es ______________ Sieger und auch der ______________ ______________ bekommen eine Medaille. — *d/Drei z/Zweite und d/Dritte*

J Zu Beginn der neuzeitlichen Spiele kamen die Teilnehmenden im ______________ ______________ aus Europa, aber schon seit ______________ reisen sie von ______________, aus allen Kontinenten an. — *w/Wesentlichen l/Langem n/Nah und f/Fern*

4 Verwende die Wörter aus dem Wortspeicher in Sätzen oder Ausdrücken, in denen du sie einmal klein- und einmal großschreiben musst. Schreibe in dein Heft.

Ich kaufe mir ein Paar neue Skier und gehe ein paar Tage skilaufen.

paar – Paar • dank – Dank • kraft – Kraft • willen – Willen • trotz – Trotz • angst – Angst • klasse – Klasse • spitze – Spitze • schuld – Schuld • recht – Recht • leid – Leid • zeit – Zeit

Getrennt oder zusammen?

S. 278

Olympische Disziplinen

Im Jahre 1896 fanden in Athen olympische WETT+KÄMPFE in neun SPORT+ARTEN statt. Neben der LEICHT+ATHLETIK und dem RAD+SPORT gab es Fechten, Turnen, GEWICHT+HEBEN, Ringen, Schwimmen, Tennis und Schießen. Später wurden andere SPORT+ARTEN HINZU+GENOMMEN, z. B. BOGEN+SCHIEẞEN und Boxen, der moderne FÜNF+KAMPF, die verschiedenen BALL+SPORT+ARTEN, TISCH+TENNIS und der REIT+SPORT.

2004 fanden insgesamt 301 WETT+BEWERBE statt, denn fast jede SPORT+ART wird in mehreren EINZEL+DISZIPLINEN AUS+GETRAGEN. So gibt es allein beim Schwimmen sieben Disziplinen, nämlich das BRUST+SCHWIMMEN, das RÜCKEN+SCHWIMMEN, das FREISTIL+SCHWIMMEN, das SCHMETTERLINGS+SCHWIMMEN, das SYNCHRON+SCHWIMMEN, WASSER+BALL und WASSER+SPRINGEN. Von den WINTER+SPORT+ARTEN war das EIS+LAUFEN bereits bei den SOMMER+SPIELEN 1908 in London ZU+GELASSEN; auch Frauen durften da bereits EIS+LAUFEN und TENNIS+SPIELEN. Beim SKI+LAUFEN und SKI+SPRINGEN wurden sie jedoch noch lange ÜBER+GANGEN.

1 Überprüfe die Wortverbindungen auf ihre Bestandteile, sortiere sie und entscheide über Getrennt- oder Zusammenschreibung und Groß- oder Kleinschreibung im gegebenen Textzusammenhang.

Nomen + Nomen: ____________________

____

Begründung: ____________________

Adjektiv/Numerale + Nomen: ____________________

Begründung: ____________________

Verb + Nomen: ____________________

Begründung: ____________________

Nomen + Verb: ____________________

____

____

Begründung: ____________________

Präposition/Adverb + Verb: ____________________

Begründung: ____________________

Andere: ____________________

2 Bilde zu den angegebenen Verbindungen jeweils einen Satz im Präsens und im Perfekt.

Leid + tun: Es tut mir leid. Es hat mir leidgetan.

Eis + laufen: ______

Hand + haben: ______

Ski + laufen: ______

Brust + schwimmen: ______

hinter + gehen: ______

3 a) Wähle passende Wörter aus dem Wortspeicher und setze sie in der richtigen Form und in der korrekten Schreibung ein. Berücksichtige auch Schreibvarianten.
b) Überprüfe deine Schreibungen mit dem Wörterbuch.

Wenn die Sportler im olympischen Dorf ______, ist nicht das Gefühl der Konkurrenz ______, sondern das Gefühl, ______. Mancher, der ______ als ______ galt, merkt, dass ihm in der ______ ______ viele ______ sind. Das zu akzeptieren kann durchaus manchem ______ und die Enttäuschung ist nicht ______, wenn sie sich mit ______ Tränen ______. Auch bei ______ Sportlern kann immer etwas ______, aber die Profis lernen, sich damit nicht ______. Gerade ______ Sportler mit ______ Erfolgen wollen natürlich bei jedem Wettkampf gerne ______, aber niemand kann für ______ Erfolg garantieren, und ______ Hoffnungen können zu ______ Enttäuschungen werden.

schwer + fallen · schwer + zu + tun · zusammen + sein · zusammen + zu + gehören · schief + laufen · übertrieben + groß · wieder + gewinnen · geheim + zu + halten · Bahn + brechen · Bahn + brechend · bitter + böse · immer+während · super + gut · Herz + ergreifend · vor + herrschend · zu + Hause · Welt + Elite · eben + bürtig · Erfolg + verwöhnt (2 x) · Rekord + verdächtig

4 Zusammen oder getrennt? Setze ein.

_______________ werden Dopingfälle aufgedeckt, aber man kann die Sportler nicht _______________ kontrollieren. Der eine findet, es werde _______________ kontrolliert, der andere, _______________. Dass Kontrollen inzwischen als _______________ akzeptiert werden, deutet _______________ auf ein erhöhtes Problembewusstsein hin. Trotzdem muss man _______________ damit rechnen, dass Sportler mit _______________ Mitteln dopen, die noch nicht nachweisbar sind. Schon in der Antike wurde bei den Wettkämpfen betrogen – gegen den _______________ menschlichen Siegeswunsch scheint der faire _______________ Erfolg nicht anzukommen.

irgend + welche · selbst + verständlich · selbst + verdient · immer + fort · immer + noch · immer + hin · immer + wieder · immer + während · zu + viel · zu + wenig

5 Auf die Bedeutung kommt es an: Verwende die Verbverbindungen in passenden Satzzusammenhängen.

wohl tun / wohltun

____

____

weiter gehen / weitergehen

____

____

leicht fallen / leichtfallen

____

____

bewusst machen / bewusstmachen

____

____

gleich machen / gleichmachen

____

____

Die Regeln der Kommasetzung wiederholen

S. 286

Achtung, Fehler!

Olympische Spiele in der Antike und in der Neuzeit

Fast tausend Jahre lang fanden in der Antike die Olympischen Spiele alle vier Jahre statt ein Zeitraum den man Olympiade nannte. Im Jahre 393 nach Christus wurden die Spiele vom römischen Kaiser Theodosius I. der das Christentum als Staatsreligion einführte als heidnischer Götterkult verboten. Erst im 19. Jahrhundert gelang es Pierre de Coubertin einem französischen Pädagogen und Historiker die Spiele wiederzubeleben. Er beabsichtigte über die Wettkämpfe Menschen verschiedener Nationen friedlich zusammenzubringen um so deren gegenseitige Achtung zu fördern. 1894 wurde in Paris das erste Internationale Olympische Komitee gegründet zwei Jahre später im April 1896 fanden die ersten Olympischen Spiele der Neuzeit in Athen statt. Nicht nur mit der Wahl Griechenlands des Ursprungslands der Spiele knüpfte man an die Tradition der antiken Spiele an man führte auch Wettkämpfe im antiken Stadion dem Panathinaikon durch das man ausdrücklich für die Spiele restauriert hatte. Wie in der Antike waren auch bei den ersten Spielen der Neuzeit Frauen nicht zugelassen denn jede Form von Körperlichkeit galt im prüden viktorianischen Zeitalter als unschicklich. Wenn auch nur im Tennis und Golf konnten jedoch bereits 1900 auch Frauen an den Spielen teilnehmen u. a. dank der erstarkenden Frauenbewegung. Während der Sieg in der Antike als höchste Gunst des Göttervaters Zeus galt und die Sieger lediglich mit einem Olivenkranz aus dem heiligen Hain Olympias geehrt wurden werden die Sieger der Neuzeit mit Medaillen Urkunden Kränzen und Pokalen überschüttet eine Entwicklung die von Coubertin nicht gewollt war. Er lehnte den Siegerkult ab und wollte alle Athleten die an den Wettkämpfen teilnahmen mit einer Medaille ehren und zwar mit einer silbernen. Der heute übliche Fackellauf vor Eröffnung der Spiele geht nicht auf die Antike zurück sondern wurde von den Nationalsozialisten eingeführt um die Weltöffentlichkeit 1936 auf die Spiele in Berlin aufmerksam zu machen.

1 In diesem Text müssen die Kommas ergänzt werden.

a) Vergegenwärtige dir zunächst die drei Grundregeln der Komasetzung:

1. Regel: **Kommas trennen Nebensätze** oder **satzwertigen Wortgruppen** (z. B. erweiterte Infinitive) ab.
2. Regel: Das Komma steht bei **„Unterbrechungen“ des Satzflusses** (z. B. bei nachgestellten Erläuterungen oder Appositionen).
3. Regel: Das Komma trennt einzelne **Elemente einer Aufzählung**. Elemente einer Aufzählung können Wörter, Wortgruppen oder Sätze sein. Bei Hauptsätzen nennt man das auch Satzreihe.

b) Markiere die Teilsätze oder Elemente, die Kommas erfordern, in den Farben der jeweiligen Regel wie im Beispiel. Setze die erforderlichen Kommas.

c) Erläutere in Stichpunkten, warum du in der Wortgruppe „im prüden viktorianischen Zeitalter“ (Z. 14) kein Komma setzen darfst.

2 Komma oder nicht? Überprüfe und begründe deine Entscheidung in Stichpunkten.

A Neben den Olympischen Sommer- und Winterspielen gibt es mit den sogenannten Paralympics auch Olympische Spiele für Menschen mit körperlichen Handicaps.

B 1960 nach den Sommerspielen in Rom fanden diese besonderen Olympischen Spiele das erste Mal statt.

C Auch bei den Paralympics treten die Sportler in verschiedenen bekannten Sportarten gegeneinander an.

D Die Paralympics in der quirligen chinesischen Hauptstadt Peking im Jahr 2008 sind immer noch als perfekt gelungene Veranstaltung in Erinnerung.

E Zu den Sportarten der Winter-Paralympics gehören Biathlon Sledge-Eishockey Ski Nordisch Ski Alpin und Rollstuhlcurling.

F Heute sind die Paralympics gemessen an den Teilnehmerzahlen das zweitgrößte Sportereignis weltweit.

3 Relativsätze haben einen Anfang und ein Ende. Markiere beide und setze die Kommas.

A Zu den Olympischen Spielen im sogenannten goldenen Zeitalter kamen mehr als 40 000 Zuschauer die sich ohne Unterkünfte, sanitäre Einrichtungen und ausreichende Wasserversorgung im Stadion aufhielten zusammen.

B Sie mussten Zelte aufschlagen die in der prallen Sonne standen und auch im Stadion in dem Kopfbedeckungen nicht erlaubt waren waren sie der sengenden Sonne ausgesetzt.

C Thales von Milet der als Zuschauer an den 58. Olympischen Spielen teilnahm starb hier an Hitze und Durst.

D Die Olympischen Spiele waren ein Volksfest mit Straßenhändlern die Erfrischungen und Andenken feilboten mit Zauberern und Wahrsagern die ihre Künste zeigten und mit Politikern die die Menge für sich gewinnen wollten.

E Man kann sich das Gedränge vorstellen das auf den nur etwa 1000 Quadratkilometern entstand und vielleicht auch den Gestank der durch die Exkremente und die Tiere die auf den Altären geopfert wurden und deren Fleisch das nicht gegessen werden durfte und daher in der Sonne verfaulte hervorgerufen wurde.

4 a) Fit bei Infinitiven? Unterstreiche die erweiterten Infinitive und ergänze alle möglichen Kommas.
b) Markiere die „Signale", die ein Komma verpflichtend machen, und kreise die verpflichtenden Kommas ein.

A Alle Kandidaten für die antiken Spiele hatten die Pflicht sich in einem mindestens zehnmonatigen Heimattraining auf die Wettkämpfe vorzubereiten.

B Für die Adelsjugend gehörte es ohnehin zum guten Ton sich körperlich und geistig an einem „Gymnasion" ausbilden zu lassen.

C Bei der Ausbildung ging es darum die „Arete" zu fördern und das hieß neben der körperlichen Übung militärische Tugenden wie Tapferkeit und Heldentum auszuprägen.

D Das harte Training im Gymnasion von Elis und den vorgeschriebenen zweitägigen Marsch von Elis nach Olympia durchzustehen gelang nicht allen Kandidaten.

E Wer sich gezwungen sah aufzugeben kehrte nach Hause zurück ohne den Ruhm und die Ehre im Wettkampf gewonnen zu haben.

F Zu siegen bedeutet dagegen außer der Ehre ein Stirnband und einen Kranz aus Ölbaumzweigen mit nach Hause zu nehmen.

5 a) Wie viele Kommas fehlen hier? Kreuze an und begründe mit den entsprechenden Regeln. Beachte auch Kann-Vorschriften.
b) Ergänze dann die Kommas in den Sätzen. Klammere die Kommas ein, die nicht verpflichtend sind.

A Als die Olympischen Spiele im 19. Jahrhundert wiederbelebt wurden waren sie zunächst reine Sommerspiele wenn auch im Jahr 1908 mit Wettkämpfen im Eiskunstlauf aber da bald die Schnee- und Eissportarten beliebter wurden beschloss das IOC im Jahre 1924 versuchsweise eine internationale Wintersportwoche durchzuführen an der 258 Sportler aus 16 Ländern überwiegend Europäer und Nordamerikaner teilnahmen.

☐ 3 ☐ 4 ☐ 5 ☐ 6 ☐ 7 ☐ 8 ☐ 9 ☐ 10

B Einerseits ist das olympische Ideal des Friedens und der Freundschaft zwischen den Nationen oft bedroht sobald politisch Einfluss genommen wird andererseits tragen die Spiele auch dazu bei die Beziehungen zwischen Ländern und Volksgruppen zu verbessern z. B. durch die gemeinsame Teilnahme von Nord- und Südkorea und sie geben neu gebildeten Nationen die Gelegenheit auf sich aufmerksam zu machen sodass die Teilnahme durchaus zur Vorstufe einer breiteren internationalen Anerkennung wird wie etwa bei den Republiken der ehemaligen Sowjetunion oder auch bei verschiedenen afrikanischen Ländern.

☐ 3 ☐ 4 ☐ 5 ☐ 6 ☐ 7 ☐ 8 ☐ 9 ☐ 10

Die Verwendung von *das* und *dass* trainieren

S. 294

1 a) Unterstreiche die korrekte Schreibung von *das/dass*.
b) Überprüfe deine Lösung mithilfe der Ersatzprobe und schreibe die Ersatzwörter in Klammern:
Ersatz durch ***dies/dieses*** oder ***welches*** möglich → ***das*** kein **Ersatz** möglich → ***dass***

Ist es vorstellbar, das/dass (______________) Athleten ihre Medaillen freiwillig abgeben? Genau das/dass (______________) haben einige sowjetische Sieger getan. Das Geld, das/dass (______________) sie für ihre Medaillen erhielten, brauchten sie überwiegend für ihren Lebensunterhalt. Der Ringer Iwan Bohdan konnte z. B. mit dem Geld, das/dass (______________) er für seine Medaille bekam, die Miete für seine Wohnung weiter bezahlen. Er sagte später, das/dass (______________) er den Verkauf nicht bereut habe. Das/Dass (______________) Nikolai Kruglow Jr. in seiner Sportkarriere erfolgreich war, das/dass (______________) verdankte er der Großzügigkeit seines Vaters: Dieser hatte für das Training, das/dass (______________) er seinem Sohn ermöglichen wollte, seine Goldmedaillen verkauft.

2 Setze *das* oder *dass* ein, notiere die Wortart in Klammern und ergänze die notwendigen Kommas.
K = Konjunktion R = Relativpronomen D = Demonstrativpronomen

An den heutigen Spielen wird häufig kritisiert, dass (K) der Aspekt der Völkerverständigung zurückgedrängt worden sei und ________ (____) politische und wirtschaftliche Interessen die eigentlichen Wettkämpfe überlagerten. Tatsächlich ist Olympia zu einem Geschäft geworden ________ (____) milliardenschwer ist. ________ (____) immer mehr Sportler/-innen zu Dopingmitteln greifen auch ________ (____) gehört zum Geschäft und führt dazu ________ (____) viele Menschen inzwischen sportlichen Erfolgen mit Misstrauen begegnen. Ursprünglich sah die Charta der Olympischen Spiele vor ________ (____) die Teilnehmer/-innen mit Sport kein Geld verdienen ________ (____) also nur Amateure zum Wettkampf zugelassen werden. ________ (____) dieser Paragraf 1984 gestrichen wurde führte dazu ________ (____) die Teilnehmer/-innen an den Spielen bei Siegen von ihren Ländern enorme Geldsummen bekommen. Coubertin wollte auch ________ (____) die Spiele frei zugänglich für jede Nation seien und ________ (____) sie nicht für politische Zwecke missbraucht werden. Die Tatsache ________ (____) die Repräsentanten des jeweiligen Gastgeberlandes nur erklären dürfen ________ (____) die Spiele eröffnet seien trägt diesem Wunsch Rechnung. Allerdings stellt man bei einem Blick in die Geschichte der Spiele schnell fest ________ (____) es sich um ein Anliegen handelt ________ (____) in der Realität nicht durchsetzbar war. So riefen z. B. 1980 die USA zu einem Boykott der Spiele in Moskau auf, mit dem Erfolg ________ (____) 64 Länder nicht teilnahmen. Als Reaktion verweigerten 1984 18 sozialistische Länder die Teilnahme an den Spielen in Los Angeles.

Teste dich! **Rechtschreibung und Zeichensetzung**

worin sich die spiele der NEU+ZEIT von den antiken unterscheiden

Achtung, Fehler!

zwar gründen die neuzeitlichen spiele auf den vergangenen sie unterscheiden sich jedoch auch in vielem von der altgriechischen tradition. so hat bereits Coubertin ausdrücklich darauf bestanden das/dass die spiele unabhängig bleiben von religiösen bezügen um allen sportlern welcher GLAUBEN + RICHTUNG auch immer sie anhängen die teilnahme zu ermöglichen.

Während die spiele des altertums IMMER + FORT in athen STATT + FANDEN werden die der NEU + ZEIT JEDES + MAL in einem anderen land und in einer anderen stadt AUS + GETRAGEN als vier jahre ZU + VOR. Einerseits gilt der zuschlag für das ausrichten der spiele als PRESTIGE + FÖRDERND und GEWINN + TRÄCHTIG andererseits ist zu beobachten das/dass die bewerbungen nicht immer von der bevölkerung unterstützt werden da die spiele ENORM + HOHE kosten verursachen die letztlich die STEUER + ZAHLENDEN bürger tragen müssen. VOR + ALLEM die GERING + VERDIENENDE Bevölkerung in ENTWICKLUNGS + LÄNDERN oder SO + GENANNTEN SCHWELLEN + LÄNDERN leidet wenn geld das/dass dringend für SOZIAL + PROJEKTE oder infrastrukturmaßnahmen gebraucht würde von so der vorwurf PRESTIGE + SÜCHTIGEN politikern für olympische bauten ausgegeben wird.

Nachdem die antiken spiele zunächst an nur einem tag DURCH + GEFÜHRT worden waren wurden sie später auf IMMER + HIN schon fünf tage erweitert während die spiele HEUT + ZU + TAGE bis zu sechzehn tage dauern können eine verlängerung die der ständigen erweiterung der EINZEL + DISZIPLINEN geschuldet ist.

Im wesentlichen unterscheiden sich jedoch die neuzeitlichen spiele von den antiken dadurch das/dass die zulassung der TEIL + NEHMENDEN Athleten GAR + NICHT mehr eingeschränkt ist und das/dass ist ein Merkmal das/dass schon für Coubertin das AUSSCHLAG + GEBENDE war. Athleten aus der ganzen welt freuen sich darauf zu den Wettkämpfen ZUSAMMEN + ZU + KOMMEN. Seit 1912 sind alle fünf kontinente mit nationalen delegationen vertreten sodass die Spiele ZU + RECHT als universell gelten können. Seit dem jahr 1900 wurden auch IMMER + MEHR Disziplinen für frauen geöffnet z. B. schwimmen bereits ab 1912 rudern das/dass LANGE+ZEIT als unweiblich galt ab 1976 fußball man höre und staune erst ab 1996 und erst seit kurzem nämlich seit 2012 sind mit dem FRAUEN + BOXEN als letzter disziplin frauen in allen SPORT + ARTEN vertreten.

1 **Schreibe den Text in der korrekten Rechtschreibung und Zeichensetzung in dein Heft. Du musst dabei sowohl Entscheidungen zur Groß- und Kleinschreibung als auch zur Getrennt- und Zusammenschreibung, zu *das/dass* sowie zur Kommasetzung treffen.**

Deutschzeit

Arbeitsheft **9**

Textquellenverzeichnis

S. 4 Greiner, Ulrich: Schönheit muss man lernen. Aus: „Die Zeit" vom 28.01.2015. Unter: https://www.zeit.de/2015/04/bildung-debatte-schule/komplettansicht [07.11.2018] (aus didaktischen Gründen gekürzt). **8 l.** Wehaus, Rainer: Der Alltag bleibt oft außen vor. In: Pro und Kontra: Muss die Schule besser auf das Leben vorbereiten? Artikel vom 14. Januar 2015. Stuttgarter Nachrichten. Unter: https://www.stuttgarter-nachrichten.de/inhalt.pro-und-contra-muss-die-schule-besser-auf-das-leben-vorbereiten.341371d6-0b79-4fda-8487-3a70512319c1.html [07.11.2018]. **8 r.** Siefert, Almut: Das Leben ist die beste Schule. Ebd. **13 u.** Die Ausbildung zur Konditorin / zum Konditor. Aus: Ein Arbeitstag in der Konditorei. AUBI-plus.de. Unter: https://www.aubi-plus.de/berufe/konditor-121/ [07.11.2018]. **14** „Viele wollen diesen Beruf erlernen" – Interview von Christine Persitzky mit Anika Melillo. Artikel vom 01.04.2018. Unter: https://www.morgenpost.de/ratgeber/article213879897/Konditoren-Innung-Viele-wollen-diesen-Beruf-erlernen.html [07.11.2018]. **15 o.** Als Konditor-Lehrling zu Harrods nach London. Artikel vom 04.11.2016. Holzmann Medien GmbH und Co. KG. Unter: https://www.deutsche-handwerks-zeitung.de (aus didaktischen Gründen gekürzt). **15 u.** Ein Konditor lebt von Kreativität – Interview von Sarah Brasack mit Hans Curtius. Artikel vom 15.10.2012. Unter: https://www.ksta.de/region/leverkusen/stadt-leverkusen/interview-ein-konditor-lebt-von-kreativitaet-5697302 [07.11.2018] (aus didaktischen Gründen gekürzt). **18** Anders, Günther: Die Kanne. In: Ders.: Der Blick vom Turm. Fabeln. München: C. H. Beck Verlag, 3. Auflage 1988, S. 7 f. **20** Franck, Julia: Streuselschnecke. In: Dies.: Bauchlandung. Frankfurt a. M.: Fischer Taschenbuch Verlag, 2012, S. 44. **26 o.** Maenner, Irmgard: Sehr erfreut: Feiern. Wurfsendung von Deutschlandfunk Kultur vom 22.06.2018. **26 u.** Regenbrecht, Peter: Typische Berufe: Professorin. Wurfsendung von Deutschlandfunk Kultur vom 11.05.2018 (Transkript). **27** Stemwedel, Lothar: Vertrackte Metaphern. Wurfsendung von Deutschlandfunk Kultur vom 11.09.2018 (Transkript). **28** Frau Freitag: Aber was, wenn der Chef selbst raucht? Aus: Dies.: Voll Streng, Frau Freitag! Neues aus dem Schullalltag. Berlin: Ullstein Buchverlage, 2012, S. 21 f. **30 f.** Lappert, Rolf: Pampa Blues. München: Carl Hanser Verlag, 2012, S. 9 ff. (aus didaktischen Gründen gekürzt). **34 f.** Ebd. S. 104 ff. (aus didaktischen Gründen gekürzt). **36 f.** Dürrenmatt, Friedrich: Der Besuch der alten Dame. Neufassung von 1980. Werkausgabe in 37 Bänden, Band 5. Zürich: © Diogenes Verlag 1998, S. 112 ff. (aus didaktischen Gründen gekürzt). **42** Eichendorff, Joseph von: Der Blick. In: Ders.: Werke in einem Band. Hrsg. von Wolfdietrich Rasch. München: Carl Hanser Verlag, 3. Auflage 1984, S. 436 f. **46** Goethe, Johann Wolfgang: Die Liebende abermals. In: Ders.: Werke, Band 1. Hamburger Ausgabe in 14 Bänden, hrsg. von Erich Trunz. München: C. H. Beck Verlag, 1981, S. 298. **48 f.** Hoffmann, Catherine: Ein Pfand auf Elektrogeräte muss her! Artikel vom 2. Juni 2016. © Süddeutsche Zeitung Digitale Medien GmbH/Süddeutsche Zeitung GmbH. Unter: https://www.sueddeutsche.de/wirtschaft/apple-ein-pfand-auf-elektrogeraete-muss-her-1.3013087 [07.11.2018] **54 f.** Göbel, Alexander: Der schlimmste Müllplatz Westafrikas. Deutschlandfunk Kultur. Artikel vom 01.09.2015. Unter: https://www.deutschlandfunkkultur.de/europas-elektroschrott-in-ghana-der-schlimmste-muellplatz.976.de.html?dram:article_id=329907 [07.11.2018]. **56** Hänggi, Marcel: Innovationen, die die Welt verändert haben: Die Anästhesie (1846). Aus: Ders.: 10 Dinge, die die Welt veränderten. Der Tagesanzeiger. Artikel vom 26.11.2013. Unter: https://www.tagesanzeiger.ch/wissen/geschichte/10-Dinge-die-die-Welt-veraenderten/story/10832381 [01.10.2018]. **64** Kroetz, Franz Xaver: Kein Strom. Aus: Ders.: Heimarbeit. Edition Suhrkamp Nr. 473. Frankfurt a. M.: Suhrkamp Verlag, 1971.

Bildquellenverzeichnis

12 gerhbaum/stock.adobe.com; **14 o.** holly/stock.adobe.com; **14 u.** karepa/stock.adobe.com; **25** Uli Stein/Catprint Media GmbH; **48** imagebroker/OKAPIA; **54** Kai Loeffelbein/leif

Redaktion: Mareike Zastrow

Illustrationen: Bianca Schaalburg, Berlin
Umschlaggestaltung: Klein & Halm Grafikdesign, Berlin, unter Verwendung von Fotos von Mandrixta/stock.adobe.com (Delfin) und eines Fotos von EpicStockMedia (Welle)
Umschlag- und Layoutkonzept: WERNERWERKE GbR, Berlin
Technische Umsetzung: L101 Mediengestaltung, Fürstenwalde

www.cornelsen.de

Dieses Werk berücksichtigt die Regeln der reformierten Rechtschreibung und Zeichensetzung.
Bei den mit [R] gekennzeichneten Texten haben die Rechteinhaber einer Anpassung widersprochen.

Alle Drucke dieser Auflage sind inhaltlich unverändert
und können im Unterricht nebeneinander verwendet werden.

Druck: Parzeller print & media GmbH & Co. KG, Fulda

1. Auflage, 1. Druck 2019
Arbeitsheft 9 mit interaktiven Gratis-Übungen
978-3-06-063187-2

1. Auflage, 1. Druck 2019
Arbeitsheft 9 mit interaktiven Online-Übungen
978-3-06-063271-8

PEFC zertifiziert
Dieses Produkt stammt aus nachhaltig bewirtschafteten Wäldern und kontrollierten Quellen.
www.pefc.de
PEFC/04-31-1308

Seite 5

1 *So könnte deine Lösung aussehen:*
Ulrich Greiner kritisiert, dass Schulfächer zunehmend infrage gestellt werden, die nicht direkt auf den späteren (Berufs-)Alltag vorbereiten.
Der Autor fordert, dass Schulen die Auseinandersetzung mit dem Schönen fördern sollten, da dies zu einer umfassenderen Wahrnehmung der Welt und zu einer Veränderung des Denkens beitragen würde.

2 **a)** Einleitung (Z. 1–9), Hauptteil (Z. 10–53), Schluss (Z. 54–58)

b) *So könnte deine Lösung aussehen:*

Einleitung: Rückblick Netzbeitrag Nainas, Kritik an der fehlenden Vermittlung von Alltagsfähigkeiten in der Schule, Aufgreifen von Nainas Vorschlag von der damaligen Bildungsministerin

Schluss: Schönheit ist in heutiger Zeit Verachtung und Wut ausgesetzt; Auseinandersetzung mit Schönheit macht klüger; Schulfächer, die diese Auseinandersetzung fördern, sind wichtig; Alltagsfähigkeiten können auch später noch erlernt werden.

Seite 6

3 *So könnte deine Lösung aussehen:*
1. Absatz (Z. 1–9): Schülerin löst erneut Debatte darüber aus, dass die Schule nicht auf das Leben vorbereite.
2. Absatz (Z. 10–15): Frage, was wichtig ist, beschäftigt Pädagogen und Eltern.
3. Absatz (Z. 16–21): Gefühl, dass die Lebenswelt komplexer wird, bestimmt die Lerninhalte der Schulen; Vorbereitung auf Berufsleben steht im Vordergrund.
4. Absatz (Z. 22–25): Frage, wo das Schöne bleibt, bleibt offen; Nützlichkeit des Unnützen sollte bedacht werden.
5. Absatz (Z. 26–32): italienischer Literaturprofessor spricht sich in Streitschrift gegen Nützlichkeitsdenken aus.
6. Absatz (Z. 33–39): Forderung nach Nützlichkeit hat Denken verändert; Rechtfertigungsdruck bei scheinbar nutzlosen Schulfächern.
7. Absatz (Z. 40–48): Schönheit reicht als Begründung für ein Fach aus, Begegnung mit Schönheit verändert Wahrnehmung und Denken.
8. Absatz (Z. 49–53): Schönheit lässt sich lehren und lernen, ist wichtig, um schnelllebiger Konsumwelt etwas entgegenzusetzen.
9. Absatz (Z. 54–58): Die Beschäftigung mit Schönheit macht klüger als die Beschäftigung mit Steuern.

4 **a) Einschätzung von anderen:**
Z. 4–7: „Unsere Bildungsministerin Johanna Wanka hat denn auch mitteilen lassen, sie finde Nainas Beitrag erfreulich und sei dafür, ‚in der Schule stärker Alltagsfähigkeiten zu vermitteln'."
Z. 26–32: „In der Einleitung schreibt er, er wolle den Begriff der Nützlichkeit ‚in einem anderen, viel universelleren Sinn verstehen und darüber nachdenken, was es mit der Nützlichkeit jenes Wissens auf sich hat, dessen Wert vollkommen losgelöst ist von jeder Zweckbestimmtheit'. Ordine wendet sich gegen das ökonomische Nützlichkeitsdenken, und er befürchtet, dass es ‚nach und nach unser Erinnerungsvermögen auslöschen und damit den Geisteswissenschaften und den alten Sprachen den Garaus machen wird, ebenso wie der Fantasie und der Kunst'."

b) Gegenargumente gegen die eigene Position des Autors:
Z. 11–15: „Die Antwort ist klar: Lesen, Schreiben, Rechnen in der Grundschule; Naturwissenschaften und Ökonomie an den Gymnasien, dazu Verkehrssprachen wie Englisch und Spanisch. Sozialkunde ist von Vorteil, Sport lüftet den Kopf. Alles, was anwendbar ist und ertüchtigt, erscheint uns als nützlich. Und was spräche dagegen, den Schülern beizubringen, wie man eine Steuererklärung macht?"
Z. 18–21: „Kulturtechniken wie der Umgang mit dem Computer und dem Netz, mit Medien, Mode und Werbung sind Themen der Curricula. Die Schule dient der Vorbereitung auf den Beruf, und die meisten Berufe, in denen man Geld verdienen kann, erfordern technisch-ökonomische sowie kommunikative Fertigkeiten."
Z. 40 f.: „Ein Lehrer des Altgriechischen, den ich einmal fragte, wie man sein Fach begründen könne, entgegnete: ‚Das können Sie gar nicht begründen, es ist schön!'"
Z. 55–58: „Ob ihr Studium dazu beitragen kann, uns zu besseren Menschen zu machen, wie Literaturprofessor Nuccio Ordine glaubt …"

5 **a)** und **b)** *So könnte deine Lösung aussehen:* → Tabelle S. 2

6 *Individuelle Lösung*

Seite 7

1 **a)** *So könnte deine Lösung aussehen:*

Material 2: Welche Fächer sollten gelehrt werden?
- Thema: Umfrage, welche Fächer in der Schule gelehrt werden sollten
- Quelle: Umfrage vom im Jahr 2015 durch YouGov
- Art des Diagramms: Balkendiagramm
- Maßeinheiten: Angaben in Prozent
- Beschreibung der einzelnen Angaben:
  Am stärksten geforderte Pflichtfächer: Benehmen und Wirtschaft, gefolgt von Gesundheitskunde, Kunst als Pflichtfach nur von 22 % der Befragten gefordert, es soll eher Wahlfach sein (62 % der Befragten dafür), besonders auffällig: Benehmen als Pflichtfach von vielen gefordert (51 % der Befragten), nur 2 % der Befragten sprechen sich für islamischen Religionsunterricht als Pflichtfach aus, 48 % der Befragten sprechen sich ganz gegen diesen Unterricht aus.

Material 3: Welches Schulfach halten Sie ganz allgemein für das wichtigste?
- Thema: Ansicht der Befragten zur Bedeutung einzelner Schulfächer

Tabelle zu Seite 6, Aufgaben 5a) und b) *So könnte deine Lösung aussehen:* → S. 1

Sprachliche Mittel, die der Autor nutzt	Textbeispiel (mit Zeilenangaben)	Mögliche Wirkung
Aufzählungen	– „Lesen, Schreiben, Rechnen in der Grundschule; Naturwissenschaften und Ökonomie an den Gymnasien, dazu Verkehrssprachen wie Englisch und Spanisch" (Z. 12 f.). – „… wo man Griechisch und Latein, Musik und Kunst studierte, wo man Homer und Shakespeare, Horaz und Molière las, wo man Gedichte von Schiller oder Mörike auswendig lernte" (Z. 23 f.).	Veranschaulichung des Sachverhalts
Frage	„Was ist nützlich?" (Z. 10)	Erregung der Aufmerksamkeit der Leser/-innen, inhaltliche Strukturierung des Textes
Metapher	„Begründungsfalle" (Z. 37)	Zuspitzung eines Sachverhalts, Verdeutlichung durch konkretes Bild
(rhetorische) Frage	– „Und was spräche dagegen, den Schülern beizubringen, wie man eine Steuererklärung macht?" (Z. 14 f.) – „Wo aber bleibt das Schöne?" (Z. 22)	Leser/-innen werden zum Mitdenken aufgefordert; Vorbereitung der Leser/-innen auf den darauffolgenden Textteil
Hyperbel (starke Übertreibung)	– „der ewige Vorwurf" (Z. 7 f.) – „Wer ihm [dem Schönen] begegnet, sieht sich überwältigt" (Z. 43).	– Betonung des Sachverhalts – Appell an das Gefühl der Leser/-innen, Aufforderung, der im Text geäußerten Meinung zu folgen
Personifikation	– „Sport lüftet den Kopf" (Z. 13). – „die Konsumwelt mit ihren Verheißungen lockt" (Z. 49 f.)	Verdeutlichung durch konkrete Handlung
Inversion (Umkehrung der Wortstellung im Satz)	„Schön ist nur das je Allerneueste" (Z. 51 f.).	Vermeidung von gleichförmigen Formulierungen, „Unterhaltung" der Leser/-innen, Erregung der Aufmerksamkeit der Leser/-innen
Parallelismus	„Das Gefällige ändert sich, das Schöne bleibt" (Z. 52 f.).	Durch Gegenüberstellung wird verdeutlicht, dass der Autor zwischen „gefällig" und „schön" einen großen Unterschied macht.

- Quelle: Umfrage im Jahr 2016 durch YouGov
- Art des Diagramms: Balkendiagramm
- Maßeinheiten: Angaben in Prozent
- Beschreibung der einzelnen Angaben:
  Deutsch wird von 38 % der Befragten als wichtigstes Schulfach genannt, gefolgt von Mathematik. Besonders auffällig: Dominanz der „klassischen" Hauptfächer; wichtige Verkehrssprache Englisch wird nur von 8 % der Befragten als wichtigstes Schulfach genannt; Kunst, Sport und Musik (als „klassische" Nebenfächer) werden von den Befragten gar nicht genannt.

b) *So könnte deine Lösung aussehen:*
Aus meiner Sicht sollte man die Auswahl der verpflichtenden Schulfächer neu bedenken, da neue Fächer wie Wirtschaft, Gesundheitskunde und Benehmen immer stärker nachgefragt werden. Dies zeigt z. B. eine Umfrage von YouGov aus dem Jahr 2015, bei der diese Fächer von ungefähr der Hälfte der Befragten als Pflichtfächer gewünscht werden. Zusammen mit den Fächern Deutsch und Mathematik, die in einer anderen Umfrage von YouGov aus dem Jahr 2016 nach wie vor als die wichtigsten Schulfächer ausgemacht wurden, sollten diese Fächer den neuen Fächerkanon bilden. Hinzu kommt, dass bisher in der Schule fest verankerte Fächer wie Kunst, Religionsunterricht, Natur- und Sozialwissenschaften von den Befragten eher in der Rolle von Wahlfächern gesehen werden (vgl. Umfragen zu wichtigen Schulfächern von YouGov aus den Jahren 2015 und 2016). So wird beispielsweise Kunst von 62 % der Befragten als Wahlfach und nur von 22 % als Pflichtfach gefordert. Der Religionsunterricht wird sogar von nur 12 % (christlicher Religionsunterricht) bzw. 2 % (islamischer Religionsunterricht) der Befragten als Pflichtfach gewünscht.

Seite 8

2 *So könnte deine Lösung aussehen:*

Rainer Wehaus: Der Autor ist der Ansicht, der Schule gelinge es nicht, auf das wahre Leben vorzubereiten. Stattdessen verliere sie sich im Detail und trichtere Kindern überflüssigen Lernstoff ein.

Almut Siefert: Die Autorin ist der Meinung, die Schule würde viele wichtige Dinge vermitteln, die gar nicht auf dem Lehrplan stünden, z. B. Pünktlichkeit oder wie man ganz allgemein an Informationen kommt.

3 *So könnte deine Lösung aussehen:*

Sollte man Schulfächer, die nicht direkt auf den Alltag vorbereiten, infrage stellen?

Pro	Kontra
– Schule dient der Vorbereitung auf den Beruf und in vielen Berufen braucht man technisch-ökonomische und kommunikative Fähigkeiten (vgl. Material 1, Z. 19 ff.). – Schule muss nach dem Gefühl vieler auf die immer komplexer werdende Lebenswelt reagieren (vgl. Material 1). – Gewünscht werden statt der klassischen Schulfächer Fächer wie Wirtschaft und Benehmen (vgl. Material 2). – Deutsch und Mathematik werden zwar nach wie vor als wichtigste Fächer angesehen, aber alle anderen bisher üblichen Schulfächer werden als weniger wichtig erachtet (vgl. Material 3). – Schüler/-innen lernen bisher zu viel unnötigen Stoff (vgl. Material 4, Z. 6 ff.). – Schule verliert sich im Detail, ohne den Alltag im Blick zu haben (vgl. Material 4, Z. 14 ff.). – …	– Viele Schulfächer befinden sich in der „Begründungsfalle" (vgl. Material 1, Z. 33–39). – Nützlichkeit des Unnützen hat in der Schule einen wichtigen Platz: Zweckfreie Beschäftigung mit dem Schönen macht klüger und setzt den Verheißungen der Konsumwelt etwas entgegen (vgl. Material 1, Z. 22–53). – Deutsch für 38 % noch wichtigstes Schulfach (vgl. Material 3); gerade hier werden auch Lerninhalte vermittelt, die nicht im klassischen Sinn „nützlich" sind (Beschäftigung mit Literatur, Textinterpretation). – Auch klassische Schulbildung umfasst mehr als die Vermittlung von (für den Beruf wichtigen) Alltagsfähigkeiten (vgl. Material 4), z. B. Pünktlichkeit oder Recherchefähigkeiten. – …

Seite 9

1 *So könnte deine Lösung aussehen:*

A Ulrich Greiner erklärt, das Schöne könne man nicht begründen, es sei evident. Wer ihm begegne, sehe sich überwältigt, er wolle davon erzählen.

B Ulrich Greiner ist der Ansicht, dass man keine Argumente für das Schöne anführen kann, da es offensichtlich ist und für sich stehen darf. Wer Schönheit betrachtet oder erlebt, ist davon persönlich berührt und möchte es mit anderen teilen.

2 a) *So könnte deine Lösung aussehen:*
Ebenso wie Rainer Wehaus bin ich der Meinung, dass in der Schule häufig für den späteren Beruf Unwichtiges gelehrt wird. Noch schwerer wiegt für mich die Tatsache, dass diejenigen, die die Bildungspläne machen, häufig eher die Experten als die Schüler/-innen im Blick zu haben scheinen.

b) *So könnte deine Lösung aussehen:*
Obwohl Rainer Wehaus der Ansicht ist, die Schule verliere sich im Detail, vermittelt der Unterricht an vielen Schulen einen anderen Eindruck. In vielen Unterrichtsfächern spielt z. B. die Berufsorientierung eine wichtige Rolle. So gehört das Thema „Bewerbung" zu den fest verankerten Themen im Deutschunterricht der Klassen 8–10.

Seite 10

1 a) *So könnte deine Lösung aussehen:*
Welche Schulfächer brauchen wir? Diese Frage beschäftigt auch Ulrich Greiner in seinem Text „Schönheit muss man lernen" aus der „Zeit" vom 28.01.2015. Der Autor erläutert in seinem Text die Folgen des ökonomischen Nützlichkeitsdenkens und spricht sich für eine produktive Auseinandersetzung mit dem Schönen aus.

b) und **c)** *So könnte deine Lösung aussehen:*
Ulrich Greiner geht zu Beginn seines Textes auf den Tweet einer Schülerin ein, die den fehlenden Alltagsbezug vieler Lerninhalte in der Schule beklagt. Dieser Vorwurf wurde auch von der damaligen Bildungsministerin Wanka aufgegriffen, die ebenfalls forderte, die Schule müsse mehr auf das echte Leben vorbereiten (vgl. Z. 4–9). Der Autor wirft damit die Frage auf, was in der Schule überhaupt vermittelt werden sollte bzw. ob Schulfächer, die nicht direkt auf den Alltag vorbereiten, infrage gestellt werden sollten.
Mit der rhetorischen Frage, was eigentlich dagegenspräche, den Schülerinnen und Schülern beizubringen, wie man eine Steuererklärung macht (vgl. Z. 14 f.), greift Greiner kurz ein Gegenargument auf, ohne weiter darauf einzugehen. Stattdessen stellt er dem Gedanken der Nützlichkeit den Gedanken der Schönheit gegenüber. Diesen sieht er durch die Ausrichtung am ökonomischen Nützlichkeitsdenken bedroht. Als Beleg für seine Sicht führt Ulrich Greiner die Streitschrift des italienischen Literaturprofessors Nuccio Ordine an. Dieser befürchtet, der Gedanke der Nützlichkeit könne unser Erinnerungsvermögen auslöschen sowie die Geisteswissenschaften und die alten Sprachen zerstören (vgl. Z. 26–32).
Aus meiner Sicht ist die Argumentation von Ulrich Greiner durchaus schlüssig. Wie der Autor finde ich es bedenklich, dass Lerninhalte in der Schule zunehmend infrage gestellt werden, wenn sie nicht direkt auf den späteren (Berufs-)Alltag vorbereiten. Tatsächlich aber verändert z. B. die Auseinandersetzung mit einem Gedicht die Sicht auf die Welt und schult das Denken anders, als es das Schreiben einer Bewerbung tun würde. Diese Ansicht wird von vielen geteilt; in einer Umfrage des Meinungsforschungsinstituts YouGov aus dem Jahr 2016 wird Deutsch als wichtigstes Schulfach genannt und damit ein Fach, in dem nicht in erster Linie ökonomisch nützliche Lerninhalte im Vordergrund stehen (vgl. Material 3).
Ulrich Greiner kritisiert zudem, dass sich die scheinbar nutzlosen Fächer zunehmend mit unmittelbaren Zwecken rechtfertigen müssten (vgl. Z. 33 f.). Der Autor verdeutlicht das ausweglose Unterfangen mit der Metapher „Begründungsfalle". Das kann ich nur unter-

streichen, denn viele Fächer und Lerninhalte in der Schule ließen sich auf diese Weise schnell infrage stellen, weil sie nicht (für etwas anderes) nützlich sind, sondern für sich stehen bzw. einen Wert für sich haben. Ulrich Greiner hebt auch deswegen richtigerweise mithilfe eines Zitats hervor, dass man für das Schöne keine Begründung anführen müsse (vgl. Z. 41). Die Beschäftigung mit dem Schönen mache klüger und setze den „Verheißungen der Konsumwelt" (Z. 49 f.) etwas entgegen. Wie der Autor bin ich auch der Meinung, dass deswegen Schulfächer, die momentan einen Ansehensverlust haben, so wichtig sind. Schulbildung umfasst viel mehr als die Vermittlung von Alltagsfähigkeiten. Vieles wird durch das soziale Miteinander gelernt und einfach dadurch, dass man sich mit Lerninhalten auseinandersetzt. Auf die Bedeutung dieses (auf andere Zusammenhänge übertragbaren) Handwerkszeugs weist auch die Autorin Almut Greiner in ihrer Stellungnahme zur Ausgangsfrage hin (vgl. Material 4).

Seite 11

2 *So könnte deine Lösung aussehen:*
Ich möchte zum Schluss noch einmal hervorheben, wie wichtig es meiner Meinung nach ist, dass das, was in der Schule gelehrt und gelernt wird, nicht nur danach beurteilt wird, ob es direkt für das spätere Berufsleben nützlich ist. Die Schule sollte ein Raum bleiben, in dem auch Zeit bleibt, sich mit dem Schönen, z. B. mit Literatur, Sprache und Kunst, auseinanderzusetzen, denn das ist aus meiner Sicht ein wichtiger Baustein für die Persönlichkeitsentwicklung.

Seite 12/13

1 *Individuelle Lösung*

2 **Adressatinnen/Adressaten:** Mitschüler/-innen, betreuende Lehrer/-innen

Zweck des Textes: über den Beruf der Konditorin / des Konditors informieren

3 a)–c)

Ausbildung: unterschiedliche Schulabschlüsse möglich, die meisten Bewerber/-innen haben Mittleren Schulabschluss, Ausbildungsdauer 3 Jahre, Berufsfachschule oder duale Ausbildung, Abschluss mit Gesellenprüfung durch Handwerkskammer; Ausbildungsvergütung durchschnittlich zwischen 650 Euro (1. Lehrjahr) und 840 Euro (3. Lehrjahr); Auslandspraktikum manchmal schon im 1. Lehrjahr möglich

Fähigkeiten/Anforderungen: Geschicklichkeit, Sinn für Ästhetik, Kreativität (geschmacklich und künstlerisch), Verantwortungsbewusstsein, gute körperliche Verfassung, handwerkliches Geschick, Geduld, Flexibilität, gute Schulleistungen in Mathematik, Chemie und Kunst

Tätigkeiten: Arbeitszeiten: in der Regel früh, z. B. 6–14 Uhr an sechs Tagen in der Woche; Arbeit und Besprechung im Team; selbstständiges Herstellen verschiedener Backwaren, Assistieren bei der Herstellung von Backwaren, künstlerische und geschmacklich kreative Gestaltung von Backwaren

Berufsaussichten/Einsatzmöglichkeiten: Konditoreien (Confiserien), Feinbäckereien, Nahrungsmittelindustrie, Großbäckereien, Patisserie-Bereich in Restaurants oder Hotels; Meisterprüfung mit Möglichkeit, sich selbstständig zu machen; Einstiegsgehalt bei Angestellten zwischen 1500 und 2000 Euro

Seite 16

4 *So könnte deine Lösung aussehen:*
(1) Ausbildung, (2) Fähigkeiten/Anforderungen, (3) Tätigkeiten (Beispiele), (4) Berufsaussichten/Einsatzmöglichkeiten

5 a) *So könnte deine Lösung aussehen:*

A Kochen und Backen liegen im Trend. Viele, die einen klassischen Handwerksberuf suchen und sich für den Beruf der Konditorin / des Konditors interessieren, haben allerdings häufig keine genaue Vorstellung davon, was sie in der Ausbildung und im späteren Berufsleben erwartet. Deshalb soll im Folgenden über diesen Handwerksberuf informiert werden.

B Wer eine Konditorei betritt, ist vielleicht erstaunt über die Vielfalt des Angebots. Eine Ausbildung zur Konditorin / zum Konditor erfordert vor allem Kreativität und Belastbarkeit. Um ein Bild von diesem klassischen und gleichzeitig modernen Handwerksberuf zu vermitteln, werden im Folgenden die wichtigsten Aspekte dieses Berufs vorgestellt.

b) *So könnte deine Lösung aussehen:*
Wer gerne früh aufsteht und gleich aktiv und kreativ werden möchte, für den ist der Beruf der Konditorin / des Konditors bestens geeignet. Dieser klassische Beruf mit langer Tradition verlangt aber viel mehr als handwerkliches Geschick. Im Folgenden wird über Ausbildung, Tätigkeiten, Anforderungen und Berufsaussichten dieses Berufs informiert.

6 a) Wer Konditorin/Konditor werden will, sollte auf jeden Fall in stressigen Situationen cool bleiben können, denn total oft müssen verschiedene Sachen gleichzeitig gemacht werden – und das auch noch unter einem enormen Zeitdruck! Wer keine Lust hat, mit anderen zusammenzuarbeiten, sollte auf gar keinen Fall Konditorin / Konditor werden, denn in der Backstube wird eigentlich immer im Team gearbeitet. Einzelkämpfer oder Leute, die schon in der Schule Gruppenarbeit gehasst haben, sollten sich also besser woanders umschauen.

b) *So könnte deine Lösung aussehen:*
- in stressigen Situationen cool bleiben können → stressigen Situationen mit Gelassenheit begegnen können
- total oft → sehr häufig
- Sachen → Tätigkeiten gleichzeitig erledigt werden
- Wer keine Lust hat → Wem es schwerfällt
- auf gar keinen Fall Konditorin/Konditor werden → sollte den Beruf der Konditorin / des Konditors nicht in Erwägung ziehen
- Gruppenarbeit gehasst haben → ungern im Team gearbeitet haben
- woanders umschauen → sich einen anderen Beruf aussuchen

Seite 17

7 a) Im Text wurde gegen folgende Prinzipien verstoßen:
Einfachheit: Verzichte auf überflüssige Passivkonstruktionen.
Genauigkeit: Vermeide Füllwörter und Floskeln.

b) *So könnte deine Lösung aussehen:*
Eine Konditorin / Ein Konditor wählt die Zutaten für die Konditoreiprodukte aus. Außerdem wiegt sie/er die Zutaten ab, mischt sie, portioniert den Teig und formt ihn. Oft präsentiert eine Konditorin / ein Konditor auch die Waren und berät die Kunden.

8 *So könnte deine Lösung aussehen:*
Wer sich zur Konditorin / zum Konditor ausbilden lassen möchte, muss keinen bestimmten Schulabschluss vorweisen. Allerdings verfügen die meisten Bewerber/-innen über einen mittleren Schulabschluss. Für eine Ausbildung sind Stärken in den Schulfächern Mathematik, Chemie und Kunst von Vorteil. Die Lehrzeit dauert drei Jahre, entweder als schulische Ausbildung an einer Berufsfachschule oder als duale Ausbildung im Betrieb und in der Berufsschule. Sie wird mit einer Gesellenprüfung abgeschlossen, die anschließend durch eine Meisterprüfung ergänzt werden kann. Durchschnittlich verdient man im 1. Lehrjahr 650 Euro, im 2. Lehrjahr 745 Euro und im 3. Lehrjahr 840 Euro. Das spätere Einstiegsgehalt wird jeweils vereinbart und liegt in der Regel zwischen 1500 und 2000 Euro. Bereits im 1. Lehrjahr ist es möglich, im Rahmen der Ausbildung ein Auslandspraktikum zu absolvieren.
Als Konditor/-in braucht man vor allem handwerkliches Geschick und einen Sinn für Ästhetik, da sie/er die unterschiedlichsten Teigwaren herstellen und gestalten muss. Stressigen Situationen sollten man mit Gelassenheit und Geduld begegnen können, da sehr häufig verschiedene Dinge gleichzeitig und unter großem Zeitdruck erledigt werden müssen. Deswegen sollte eine Konditorin / ein Konditor über eine gute körperliche Verfassung verfügen und Verantwortung übernehmen können.
In der Regel arbeitet eine ausgebildete Konditorin / ein ausgebildeter Konditor bzw. eine Gesellin / ein Geselle an sechs Tagen in der Woche und beginnt ihren/seinen Arbeitstag sehr früh. Die Arbeit wird alleine oder im Team erledigt. Zu den Tätigkeiten gehören das Herstellen verschiedener Backwaren sowie das Assistieren bei der Herstellung. Backwaren werden künstlerisch und geschmacklich kreativ gestaltet.
Eine Konditorin / Ein Konditor kann in verschiedenen Bereichen arbeiten, z. B. in klassischen Konditoreien, in Großbäckereien oder im Patisserie-Bereich von Restaurants und Hotels. Gute Aussichten auf eine Anstellung haben Bewerber/-innen, die flexibel sind. Sattelt man auf die Gesellenprüfung noch die Meisterprüfung auf, hat man zusätzlich die Möglichkeit, sich selbstständig zu machen.

9 *So könnte deine Lösung aussehen:*
Obwohl der Beruf der Konditorin / des Konditors zu den Handwerksberufen mit langer Tradition gehört, ist er gleichzeitig ein sehr moderner und für viele auch sehr attraktiver Beruf: Er ist abwechslungsreich, setzt verschiedene Fähigkeiten voraus und ist besonders geeignet für Menschen, die kreativ sind und gerne handwerklich arbeiten möchten.

Seite 18

1 Parabel
Begründung: Anders als in der Fabel sind nicht Tiere die handelnden Figuren; Deutung wird den Leserinnen und Lesern überlassen, während Fabeln in der Regel eine Lehre haben.

2 *So könnte deine Lösung aussehen:*
In der Parabel „Die Kanne“ geht es um Basik, einen Mann, der so arm ist, dass er nur noch eine Kanne besitzt. Ein Bekannter von ihm macht ihm unterschiedliche Vorschläge, was er mit der Kanne anstellen könnte. Aber Basik lehnt alle Vorschläge ab und klammert sich an seinen letzten Besitz. Zum Schluss dreht sich jedoch die Situation um, indem Basik sich plötzlich Sorgen um die Kanne macht, da er nicht weiß, was aus ihr wird, wenn er eines Tages stirbt.

3 Z. 1–4: Erzähler verhält sich auktorial, kommentiert Geschehen; Erzählerbericht.
Z. 5–31: Erzähler verhält sich personal, ist „stiller Zeuge“ des Gesprächs; Figurenrede.

4 *So könnte deine Lösung aussehen:*
Die Kanne auf der Bildebene steht auf der Sachebene für unnützen Besitz, da Basik sie weder verwenden noch verkaufen oder verschenken will. Am Ende fühlt er sich sogar durch den Besitz der Kanne belastet, da er sich Sorgen macht, was aus ihr würde, wenn er irgendwann stürbe.

5 *So könnte deine Lösung aussehen:*
Klammere dich nicht an unsinnige Besitztümer, denn sie bescheren dir nur weitere Probleme.
Begründung: Basik zieht keinen Nutzen aus dem Besitz und macht sich am Ende noch Gedanken um das weitere „Schicksal“ der Kanne.

Seite 20

1 *So könnte deine Lösung aussehen:*
Zunächst deutet alles darauf hin, dass es sich um einen älteren Freund oder Liebhaber der Ich-Erzählerin handelt. Dass es sich um den Vater handelt, wird erst im letzten Satz (Z. 33) deutlich und überrascht die Leser/-innen.

2 *So könnte deine Lösung aussehen:*
In der Erzählung „Streuselschnecke“ geht es um eine junge Frau, die erst mit 14 Jahren ihren Vater kennen lernt. Die beiden sind sich fremd und kommen sich nur sehr langsam näher. Erst am Schluss, kurz vor seinem Tod, wird die Beziehung etwas enger.

Seite 21

3 *So könnte deine Lösung aussehen:*
Z. 1–9: Der Anruf
Z. 9–15: Erste Begegnung
Z. 15–20: Die Fremdheit bleibt
Z. 20–31 Krankheit, allmähliche Annäherung und Tod
Z. 31–34: Der Abschied

4 Ich-Erzählerin	Vater
– erster Anruf des Vaters mit 14 (Z. 1) – zu Hause ausgezogen, wohnt allein bei Freunden in Berlin (Z. 1–3) – schminkt sich fürs erste Treffen (Z. 10) – geht noch zur Schule (Z. 18f.) – putzt und arbeitet als Kindermädchen, um Geld zu verdienen; will bald als Kellnerin arbeiten (Z. 19f.) – versorgt ihren Vater im Krankenhaus mit Streuselschnecken anstelle des gewünschten Morphiums (Z. 26–29) – geht mit kleiner Schwester zur Beerdigung (Z. 32)	– fremd für die Ich-Erzählerin (Z. 3) – lebt in Berlin (Z. 5) – sieht durchschnittlich aus: trägt beim ersten Treffen Jeans, Jacke und Hose (Z. 9f.) – nicht unsympathisch und schüchtern (Z. 12f.) – leicht ironisch (Z. 14) – schreibt Drehbücher und führt Regie (Z. 15f.) – wird zwei Jahre nach dem ersten Treffen krank und stirbt ein Jahr lang (Z. 20f.) – hat Angst vor Tod und möchte sich mit Morphium betäuben (Z. 22f.) – stirbt kurz nach 17. Geburtstag der Ich-Erzählerin (Z. 31)

5 *So könnte deine Lösung aussehen:*
Die Beziehung zwischen Tochter und Vater ist zunächst von Fremdheit und Kühle geprägt. Das wird z. B. in der Äußerung „schließlich kannte ich ihn kaum" (Z. 17f.) deutlich. Der Umgang wandelt sich in der Zeit der Krankheit des Vaters zu einem wärmeren Verhältnis, nachdem die Ich-Erzählerin ihn im Krankenhaus besucht (Z. 21f.) und Streuselschnecken für ihn gebacken hat (Z. 28f.).

6 *So könnte deine Lösung aussehen:*
Die Sprache der Ich-Erzählerin wirkt eher nüchtern und emotionslos, z. B. wenn sie sagt: „Schlimm war das nicht, schließlich kannte ich ihn kaum" (Z. 17f.). Diese Kühle und Distanz wird auch von dem über weite Strecken parataktischen Schreibstil unterstützt, z. B. wenn es um Krankheit und Tod des Vaters geht, wie „Ich vergaß seine Bitte. Manchmal brachte ich ihm Blumen" (Z. 26) oder „Kurz nach meinem siebzehnten Geburtstag war er tot" (Z. 31).

Seite 22

7 *So könnte deine Lösung aussehen:*
Alltäglichkeit
Begründung: Die Streuselschnecke, die auch den Titel der Geschichte bildet, steht in der Erzählung für Alltäglichkeit. Dies zeigt sich z. B. darin, dass der Vater sagt, dass er nur Streuselschnecken wolle, weil ihm in seinem Zustand die einfachsten Dinge die liebsten seien (vgl. Z. 27–29). Diese Äußerung lässt sich dahingehend deuten, dass der Vater alltägliche Situationen, die er nie mit seiner Tochter hatte, herbeisehnt.

Langsamkeit
Begründung: Die (Streusel-)Schnecke kann als Metapher für die langsame Annäherung von Vater und Tochter gesehen werden. Während die beiden sich anfangs völlig fremd gegenüberstehen, beginnt sich erst während der Krankheit des Vaters langsam eine Vater-Tochter-Beziehung zu entwickeln, indem die Tochter ihn liebevoll mit Blumen (vgl. Z. 26) und frisch gebackenen Streuselschnecken (vgl. Z. 28f.) versorgt.

8 Die Erzählung „Streuselschnecke" enthält folgende Merkmale einer Kurzgeschichte:
- Unmittelbarer Einstieg: Man befindet sich sofort im Geschehen: „Der Anruf kam" (Z. 1).
- Dargestellte Ereignisse haben eine besondere Bedeutung für die Figur/-en: Vater und Tochter lernen sich erst kennen, als die Tochter schon 14 Jahre alt ist.
- Wenige Figuren: Ich-Erzählerin und ihr Vater stehen im Mittelpunkt.
- Zielstrebiger Verlauf der Handlung auf einen Höhe-/Wendepunkt hin: Text enthält keine Nebenhandlungen, sondern konzentriert sich auf die Entwicklung der Beziehung zwischen der Ich-Erzählerin und ihrem Vater.
- Gebrauch von Alltagssprache: Es herrschen einfache, meist kurze Sätze vor (Parataxe); Wortwahl ist alltagssprachlich.

Seite 23

9 a)–g) *So könnte deine Lösung aussehen:*
In der Kurzgeschichte „Streuselschnecke" von Julia Franck aus dem Jahr 2000 geht es um das späte Kennenlernen und die langsame Entwicklung einer Beziehung zwischen der Ich-Erzählerin und ihrem Vater.
Die Erzählung beginnt unmittelbar mit einem Bericht über ein Telefonat zwischen der Ich-Erzählerin und einem ihr fremden „Mann" (vgl. Z. 4), als die Ich-Erzählerin 14 Jahre alt ist. Im weiteren Verlauf der Erzählung wird die langsame Annäherung zwischen der Ich-Erzählerin und dem „Mann" beschrieben, die in mehreren Treffen stattfindet. Als der „Mann" schließlich schwer erkrankt, wird die Beziehung der beiden etwas intensiver. Die Ich-Erzählerin beginnt, sich um den Mann zu kümmern, besucht ihn bis zu seinem Tod im Krankenhaus, bringt ihm Blumen und bäckt schließlich Streuselschnecken für ihn. Dass es sich bei dem zunächst fremden Mann um den Vater der Ich-Erzählerin handelt, wird erst im letzten Satz der Erzählung deutlich.
Im Mittelpunkt der Kurzgeschichte steht also die Beziehung zwischen Tochter (Ich-Erzählerin) und Vater. Nach dem Anruf des Vaters wirkt die Tochter zunächst unsicher (vgl. Z. 6). Das liegt daran, dass der Vater ihr bis dahin unbekannt und daher fremd ist: „Eine fremde Stimme meldete sich." Die Ich-Erzählerin spricht von ihrem Vater anfangs als „der Mann" (Z. 4), was eine große Distanz ausdrückt. Auch im weiteren Verlauf der Geschichte bleiben sich Vater und Tochter zunächst fremd, auch wenn sie sich hin und wieder treffen. Die Ich-Erzählerin betrachtet ihren Vater weiterhin distanziert und ist nicht emotional involviert. Das wird z. B. deutlich, als

die Tochter den Vater um Geld bittet. Als dieser ihr keines gibt, kommentiert das die Ich-Erzählerin mit den Worten: „Schlimm war das nicht, schließlich kannte ich ihn kaum" (Z. 17 f.). Auch die Äußerung „Zwei Jahre später, der Mann und ich waren uns immer noch etwas fremd" (Z. 20 f.) zeigt, dass die Distanz zwischen Vater und Tochter weiterhin aufrechterhalten bleibt. Erst am Ende der Erzählung, als der Vater krank wird und im Sterben liegt (vgl. Z. 21 ff.), wird die Beziehung intensiver, auch wenn sie nach wie vor eher kühl wirkt. Die Ich-Erzählerin beginnt, sich intensiver um ihren Vater zu kümmern, indem sie ihn im Krankenhaus besucht und ihm Blumen bringt. Trotzdem bleiben sich die beiden fremd, was sich z. B. darin zeigt, dass sie auch in dieser Situation noch aneinander vorbeireden: „Er fragte nach dem Morphium, und ich fragte ihn, ob er sich Kuchen wünsche" (Z. 26 f.). Die Streuselschnecken, die der Vater sich kurz vor seinem Tod von seiner Tochter wünscht, denn „die einfachsten Dinge seien ihm jetzt am liebsten" (Z. 28), können jedoch als Zeichen für die zunehmende Alltäglichkeit in der Beziehung zwischen Vater und Tochter gedeutet werden. Die Tatsache, dass die Tochter zwei Bleche des Gebäcks dem Vater „noch warm" (Z. 29) ins Krankenhaus bringt, deuten auf die zunehmende Wärme in der Beziehung hin. Trotzdem zeigt die Ich-Erzählerin auch nach dem Tod des Vaters keine wirkliche emotionale Beteiligung.
Die Distanz und Kühle der Beziehung zwischen der Ich-Erzählerin und ihrem Vater schlägt sich auch in der Sprache des Textes nieder. Insbesondere die kurzen und parataktischen Satzkonstruktionen unterstützen diesen Eindruck. Beispielsweise heißt es am Anfang des Textes, wo es um die erste Kontaktaufnahme zwischen den beiden geht: „Ich zögerte, ich war mir nicht sicher" (Z. 6) oder „Wir verabredeten uns. Er trug Jeans, Jacke und Hose. Ich hatte mich geschminkt"(Z. 9 f.). Auch am Schluss der Erzählung dominieren kurze Sätze und Satzreihen, wenn es heißt: „Kurz nach meinem 17. Geburtstag war er tot. Meine kleine Schwester kam nach Berlin, wir gingen gemeinsam zur Beerdigung. Meine Mutter kam nicht" (Z. 31 f.). Besonders an diesem Beispiel wird deutlich, dass der Satzbau die Emotionslosigkeit der Beziehung widerspiegelt.
Der Titel „Streuselschnecke" passt zur Handlung der Geschichte, weil sie einerseits für Einfachheit und Alltäglichkeit (vgl. Z. 28 f.) steht, die von den Protagonisten der Erzählung für ihre Beziehung gewünscht wird, und die Schnecke andererseits auch als Metapher für die Langsamkeit der Annäherung zwischen Vater und Tochter interpretiert werden kann.
Dass es sich bei dem Text „Streuselschnecke" um eine Kurzgeschichte handelt, wird an dem unmittelbaren Einstieg mit dem Anruf des Vaters deutlich: „Der Anruf kam, als ich vierzehn war" (Z. 1). Des Weiteren erzählt die Geschichte einen Ausschnitt aus dem Leben der beiden Protagonisten, der eine besondere Bedeutung für die Figuren hat. Zudem stehen nur wenige Figuren – nämlich die Ich-Erzählerin und ihr Vater – im Mittelpunkt der Handlung, die zielstrebig auf den Höhepunkt – den Tod des Vaters – zuführt. Charakteristisch für eine Kurzgeschichte ist auch eine alltäglich wirkende Sprache, wie sie in der Erzählung verwendet wird. Sie ist hauptsächlich von einfachen, kurzen Sätzen geprägt.
Anders als beim ersten Lesen der Erzählung, bei dem man zunächst davon ausgeht, dass es sich bei der dargestellten Beziehung um eine Liebesbeziehung zwischen einem älteren Mann und einer jugendlichen Frau handelt, wird nach der vollständigen Lektüre und der Analyse der Kurzgeschichte deutlich, dass es sich tatsächlich um eine schwierige Vater-Tochter-Beziehung handelt, die von Fremdheit, Distanz und weitgehender Emotionslosigkeit geprägt ist. Zwar entwickelt sich während der Krankheit des Vaters eine größere Nähe zwischen den beiden. Trotzdem bleibt das Verhältnis eher distanziert, wie die letzten Zeilen der Kurzgeschichte zeigen.

Seite 24

1 **a)** und **b)** Stilmittel des Komischen, die in den einzelnen Witzen verwendet werden:
- Witz 1: Missverständnis/Verwechslung, Inkongruenz
- Witz 2: Inkongruenz
- Witz 3: Kommunikationsstörung
- Witz 4: Ironie, Missverständnis

Seite 25

2 **a)** Der Cartoonist verwendet hier das Stilmittel des Missverständnisses bzw. der Kommunikationsstörung: Der Lehrer bezieht sich auf die Wörter „scheiße" und „geil" selbst; der Schüler versteht die Wörter als Attribute anderer Wörter mit diesen Eigenschaften.

b) Im Vordergrund und in der Mitte des Bildes befindet sich der Lehrer hinter seinem Lehrertisch, der von oben herab einen Schüler, der vor dem Lehrertisch steht, mit erhobenem Zeigefinger belehrt, wie er sich verhalten soll. Beiden sind Äußerungen in wörtlicher Rede zugeordnet. Im Hintergrund ist eine Tafel mit Aufschriften wie „Good luck – guter Lack" zu sehen.

c) Die Komik wird durch die bildliche Darstellung verstärkt: Anordnung und Haltung von Lehrer und Schüler spiegeln einerseits die Autorität des Lehrers wider, andererseits wird die Wirkung der Aussage des Lehrers durch die Frage des Schülers ins Lächerliche gezogen. Unterstützt wird die komische Wirkung durch die unsinnigen Tafelanschriebe im Hintergrund.

Seite 26

3 **a)** und **b)** Folgende Stilmittel des Komischen werden in dem Text „Sehr erfreut: Feiern" verwendet:
- **Ironie:**
  „Na sehr nett!" (Z. 10)
  „Ach den auch, ja. Wird ja immer besser. Na toll." (Z. 12)
  „Ja. Das ist meine Freundin." (Z. 15)
- **Hyperbel (Übertreibung):**
  Das Telefongespräch wirkt insgesamt übertrieben. Deutlich wird das z. B. in den Äußerungen:
  „Ja, und noch mehr würde mich interessieren, wann ihr die eingeladen habt, die ihr alle eingeladen habt." (Z. 5 f.)
  „Ich habe am Donnerstag Geburtstag, aber ihr feiert nur nach! (legt auf)" (Z. 14)
- **Inkongruenz:**
  übertriebene Aufregung der „Frau" auf der einen Seite und ruhige, sachliche Reaktion von Hanna auf der anderen Seite

c) *So könnte deine Lösung aussehen:*

Sehr erfreut: Feiern *Irmgard Maenner*

Frau am Telefon: (*genervt*) So! Jetzt möchte ich ...
Hanna: (*verwundert*) Wen wir nicht eingeladen haben? ...
Frau: (*aufgebracht*) Ja, und noch mehr würde mich interessieren ...
Hanna: (*verunsichert*) Also Celia ...
Frau: (*sachlich*) Ich Mittwoch.
Hanna: (*immer noch ruhig*) Und Anton ...
Frau: (*ironisch*) Na sehr nett!
Hanna: (*weiterhin ruhig*) Gerhard auch.
Frau: (*mit erhobener Stimme*) Ach den auch, ja ...
Hanna: (*leicht genervt*) Sollen wir vielleicht ...
Frau: (*wütend*) Ich habe am Donnerstag Geburtstag ...
Hanna: (*ironisch*) Ja ...

4 ☒ Klischee
Erläuterung: Der Mann hat klischeehafte Vorstellungen, wie eine Informatikprofessorin auszusehen hat: „Echt??? So siehst du aber gar nicht aus!" (Z. 3).

Seite 27

5 Der Autor nutzt das Stilmittel der Inkongruenz, indem er unpassende Metaphern und Vergleiche verwendet, z. B. „Hasen der Lüfte" (Z. 6) oder „Mit Taucherbrillen nach Erdbeeren schießen" (Z. 9 f.).

6 *Individuelle Lösung*

Seite 28

7 *Diese Textstellen könntest du markiert haben:*
- „Ich weiß, ich weiß, ich glaube, das ist eine Autowerkstatt, wo nur Frauen hinkönnen." (Z. 3)
- „Da sitzen die Männer nur rum und müssen nicht arbeiten, und die Frauen reparieren ihre Autos selbst. Da haben die Typen immer frei." (Z. 6 f.)
- „Und du, Peter, willst also Maler und Lackierer werden. Dann erzähl mir doch mal was über Farben!" „Es gibt verschiedene." [...] „Also, zum Beispiel Rot." (Z. 10–13)
- Ich werde morgen auf jeden Fall die Grund- und Sekundärfarben wiederholen. (Z. 14 f.)
- Dann Bilal: „Aber wenn der Chef selbst raucht?" [...] „Aber wenn man doch gerne eine rauchen möchte?" (Z. 20–24)
- „Aber mein Freund hat in einem Gespräch eine Zigarette angeboten bekommen und geraucht, und er hat den Job trotzdem bekommen" [...] und Bilal wird wenigstens an mich denken, wenn er die Zigarette anzündet und am Ende ohne Ausbildungsplatz dasteht. (Z. 27–31)

Seite 29

8 *So könnte deine Lösung aussehen:*
- **Inkongruenz:**
  Dann Bilal: „Aber wenn der Chef selbst raucht?" [...] „Aber wenn man doch gerne eine rauchen möchte?" (Z. 20–24)
  „Aber mein Freund hat in einem Gespräch eine Zigarette angeboten bekommen und geraucht, und er hat den Job trotzdem bekommen." (Z. 27 f.)
- **Klischee** (Vorurteil):
  „Und du, Peter, willst also Maler und Lackierer werden. Dann erzähl mir doch mal was über Farben!" „Es gibt verschiedene." [...] „Also, zum Beispiel Rot." (Z. 10–13)
- **Missverständnis/Kommunikationsstörung:**
  „Ich weiß, ich weiß, ich glaube, das ist eine Autowerkstatt, wo nur Frauen hinkönnen." (Z. 3 f.)
  „Da sitzen die Männer nur rum und müssen nicht arbeiten, und die Frauen reparieren ihre Autos selbst. Da haben die Typen immer frei." (Z. 6 f.)
- **Hyperbel** (Übertreibung): Die gesamte Situation wird übertrieben dargestellt.
- **Ironie und Selbstironie:**
  Das heitere Rätselraten wird von Mustafa aufgelöst (Z. 8).
  Ich werde morgen auf jeden Fall die Grund- und Sekundärfarben wiederholen (Z. 14 f.).
  Die Macht des letzten Wortes. Ich gebe auf. Bei den anderen ist das NEIN, NICHT BEIM BEWERBUNGSGESPRÄCH RAUCHEN angekommen, und Bilal wird wenigstens an mich denken, wenn er die Zigarette anzündet und am Ende ohne Ausbildungsplatz dasteht (Z. 29–31).

Seite 31

1 *So könnte deine Lösung aussehen:*
- Er muss sich allein um seinen „senilen" Großvater kümmern.
- Er lernt kaum die Welt außerhalb des Dorfs kennen, in dem er lebt.
- Auf manche Erfahrungen, die andere Jugendliche in seinem Alter machen, muss er daher verzichten.
- Er hat z. B. keine Freundin.

Seite 32

2 *So könnte deine Lösung aussehen:*
Der Ich-Erzähler könnte versuchen, seiner Situation zu entfliehen, in der er sich um seinen senilen Großvater zu kümmern muss und nicht lernt, wie die Welt draußen funktioniert und wie sich ein nacktes Mädchen anfühlt (vgl. Z. 26 f.).

3 **a)** und **b)** *So könnte deine Lösung aussehen:*

Name: Ben **Alter:** 16 Jahre

Lebensumstände: lebt in Wingroden, wohnt mit seinem Großvater Karl zusammen, um den er sich kümmert; hat bei Karl eine Ausbildung zum Gärtner absolviert (vgl. Z. 16–26); seine Mutter ist als Sängerin viel unterwegs und selten zu Hause (vgl. Z. 30 f.).

Beziehung zu anderen Figuren: pflegt seinen Großvater; wenig Kontakt zur Mutter (vgl. Z. 30 f.); der Vater ist gestorben (vgl. Z. 17).

Eigenschaften: verantwortungsbewusst (Z. 32 ff.: „Nach dem Bad helfe ich Karl ..."), humorvoll (Z. 9: „Hier, dein Gehänge kannst du dir selber abrubbeln."), fürsorglich (Z. 33 f.: „[...] ich soll Karl kleine Aufgaben geben, damit sein Gehirn etwas zu tun hat.")

Gedanken und Wünsche: Er hasst sein Leben (vgl. Z. 1); fühlt sich von seiner Mutter abgeschoben (vgl. Z. 17); möchte mehr über die Welt außerhalb Wingrodens erfahren; möchte wissen, „wie sich ein nacktes Mädchen anfühlt" (vgl. Z. 26 f.); ist manchmal von seinem Alltag genervt (vgl. Z. 51 ff.); möchte ein selbstbestimmtes Leben führen (vgl. Z. 60 ff.).

Seite 33

4 Folgende Aussagen treffen auf das Verhalten des Ich-Erzählers zu:

Aussage zur Erzählweise	Begründung
– Der Ich-Erzähler ist **zugleich handelnde Figur**.	Ich-Erzähler erzählt von seinem eigenen Leben mit dem Großvater.
– Der Ich-Erzähler erzählt **aus der Situation heraus**, in der er sich aktuell befindet.	Ich-Erzähler erzählt im Präsens von seiner Situation.
– Der Ich-Erzähler verhält sich personal.	Ich-Erzähler erzählt die Ereignisse aus seinem persönlichen Blickwinkel; keine Vorausdeutungen; Rückblenden nur aus der persönlichen Erfahrung heraus.

5 Die sprachlichen Mittel sollen den Zitaten folgendermaßen zugeordnet werden:

- **Ellipse:** Mit ihm. (Z. 2)
- **Vergleich:** Schaum liegt auf seinen knochigen Schultern wie Schnee. (Z. 4)
- **Hyperbel:** Was Karl alles nicht mehr selber kann, würde ganze Bücher füllen. (Z. 6 f.)
- **Umgangssprache:** „Hier, dein Gehänge kannst du dir selber abrubbeln." (Z. 9)
- **Metapher:** Dann ist sein Kopf ein altes Radio, in dem die verstaubten Röhren noch einmal aufglühen und auf Empfang gehen. (Z. 11 f.)
- **Vergleich:** [...] und als er in die Badewanne sollte, hat er sich geweigert und wie ein kleines Kind aufgeführt. (Z. 55 f.)

6 *So könnte deine Lösung aussehen:*
Der 16-jährige Ben, der sich bereits seit Längerem aufopferungsvoll um seinen Großvater Karl kümmerte, begann allmählich sein Leben zu hassen. Er hatte die begründete Sorge, dass das wirkliche Leben an ihm vorbeiziehen würde, denn bis jetzt konnte er nicht ahnen, welche Abenteuer ihn in dem kleine Dorf Wingroden noch erwarteten. So schien ihm die Vorstellung, dass er durch seinen Großvater noch mehrere Jahre an Wingroden gefesselt sein würde, so schrecklich, dass er sich von Zeit zu Zeit sogar wünschte, sein Großvater möge eines Morgens nicht mehr aufwachen.
Trotz allem konnte Ben dem Leben mit Karl aber auch etwas Komisches abgewinnen, wenn der Großvater z. B. über schlüpfrige Bemerkungen schmunzelte, obwohl er auf der anderen Seite nicht einmal die einfachsten Wörter zu verstehen schien. Dass sein Großvater immer weniger vom Leben mitbekam war für Ben einerseits beunruhigend, andererseits versuchte er sich jedoch einzureden, dass es ihm egal sei.

Seite 35

7 *So könnte deine Lösung aussehen:*

Maslow:
- Besitzer der örtlichen Autowerkstatt und des Gasthofs „Schimmel"
- will Wingroden zur Touristenattraktion machen
- vermutet in Lena eine Undercover-Journalistin
- „durchwühlt mit beiden Händen die Tasche [von Lena]" (Z. 19)
- dreht vor Ungeduld fast durch (vgl. Z. 29)
- „stößt einen Jubelschrei aus" (Z. 32)
- „führt einen ziemlich bescheuerten Freudentanz auf" (Z. 33)

Lena:
- Reporterin (vgl. Z. 2)
- „[...] Die Kleine, die behauptet, ihr Auto sei liegen geblieben." (Z. 5)
- „Sie ist etwa so groß wie ich, hat kurze braune Haare und trägt ein weißes T-Shirt und eine grüne Cargohose, die nur aus Taschen zu bestehen scheint." (Z. 43–45)
- „Sie ist weder fünfzig, noch sieht sie auch nur annähernd wie die Ökotante aus, die ich mir wegen des Autos vorgestellt hatte. Ich schätze sie auf Mitte zwanzig, aber sie kann genauso gut zwei, drei Jahre älter oder jünger sein. Quer über ihrem T-Shirt steht in schwarzen Großbuchstaben EL CAPITAN. Sie hat braune Augen und eine verschorfte Stelle an der Oberlippe. Ihr Gesicht glüht wie das eines kleinen Mädchens, das zum ersten Mal eine Zirkusvorstellung besucht." (Z. 49–53)
- „Die Frau, die eigentlich eher wie ein Mädchen aussieht, lächelt. „Schön", sagt sie. Ihre Stimme ist klar und eine Spur tiefer als erwartet." (Z. 57 f.)

Willi:
- „Willi steht neben dem Stammtisch und balanciert einen Stuhl auf seinem Kinn. Die Nummer führt er jedem vor, den es nach Wingroden verschlägt." (Z. 41 f.)

8 *So könnte deine Lösung aussehen:*
Der komische Alte mit dem Stuhl auf dem Kinn ... Komisch, was die in diesem Kaff hier lustig finden. Andererseits: Gekonnt ist gekonnt. Er freut sich in jedem Fall über meinen Applaus. Aus irgendeinem Grund scheinen die mich hier hinhalten zu wollen: Die Akrobatiknummer, die Autoreparatur, die angeblich mehrere Tage dauert. Lächerlich. Keine Ahnung, was die von mir denken. Der junge Typ da soll Mechaniker sein? Er wirkt ziemlich schüchtern und verklemmt. Hat vermutlich noch nicht viele Frauen gesehen in seinem Leben. Ihm scheint das Ganze hier ziemlich peinlich zu sein. Ob die eine Ahnung haben, warum ich hier bin? Irgendwelche Ideen haben sie offenbar. Mal sehen. Ich lasse es auf mich zukommen und sage erst einmal nichts ...

Seite 37

1 Die zentralen Themen des Gesprächs sind: das gemeinsame Kind, Erinnerungen an die Jugend und Ills geplanter Tod.

2 *So könnte deine Lösung aussehen:*
Sie waren in ihrer Jugend ein Liebespaar; Ill verleumdet Claire, als sie schwanger wird, erkennt nicht an, dass er Vater des Kindes ist; Claire verlässt die Stadt, gibt ihr Kind weg, heiratet und kommt zu Geld; Machtverhältnisse zwischen Claire und Ill drehen sich um, indem Claire Ills Tod zur Bedingung für die Finanzierung ihrer Heimatstadt macht.

Seite 38

3 **a)** Die Situation wirkt auf den ersten Blick romantisch (Windesrauschen, Gitarrenspiel); eine Einschränkung stellt das wiederholte „Schweigen" (Z. 25 und 32) dar.
Unterstrichen werden können folgende Regieanweisungen:
- „Schweigen. Rauchen. Gitarre." (Z. 25)
- „Schweigen." (Z. 32)
- „Das Gitarrenspiel schweigt." (Z. 40)
- „Neues Gitarrenspiel." (Z. 44)
- „Die Bäume bewegen ihre Äste." (Z. 47)
- „Erneutes Windesrauschen." (Z. 55)

b) Plauderei
Begründung: Gespräch wirkt relativ locker; kein Streit erkennbar trotz schwieriger Themen wie Tod des Kindes und Ills geplanter Tod.

4 *So könnte deine Lösung aussehen:*
- Claire Zachanassian wirkt in dem Gespräch dominant, da sie mehr weiß als Ill, z. B. über das gemeinsame Kind (vgl. Z. 12–30). Außerdem demonstriert sie ihre Macht, die sie nun aufgrund ihres Geldes über Ill hat (vgl. Z. 51–54).
- Alfred Ill wirkt unterwürfig gegenüber Claire. Er stellt vor allem Fragen, auf die Claire die Antworten hat. Sein Leben bezeichnet er als sinnlos (vgl. Z. 49) und akzeptiert klaglos, dass er von der Gemeinde aller Voraussicht nach zum Tode verurteilt werden wird.

5 Das Gespräch beginn mit Fragen Ills und Antworten Claires zu dem gemeinsamen Kind. Anschließend bittet Claire Ill, ihr aus seiner Sicht von der gemeinsamen Beziehung zu erzählen. Im Anschluss geht es um den geplanten Tod von Ill. Im Gespräch gibt es daher zwei Wendepunkte: Der erste in Zeile 33 („Ich erzählte dir von unserem Mädchen. Nun erzähl von mir.") und der zweite in Zeile 45 („Nun ist es soweit").

Seite 39

6 **a)** *So könnte deine Lösung aussehen:* → Tabelle unten.

b) *So könnte deine Lösung aussehen:*
Im Vordergrund steht der Aspekt der Selbstkundgabe. Das wird etwa dadurch deutlich, dass Claire das Personalpronomen „ich" sehr häufig verwendet, z. B.: „Ich liebte dich.", „Du hast mich verraten.", „[...] habe ich nicht vergessen."

7 *So könnte deine Lösung aussehen:*
Ill reagiert damit auf die Äußerung Claires „Ich will ihn wieder errichten mit meinen Milliarden [...], indem ich dich vernichte" (Z. 52 f.). Er nimmt damit Claires Freude und Genugtuung (Selbstkundgabe) über seinen Tod vorweg, indem er davon ausgeht, dass sie als Zeichen ihres Triumphs seinen Sarg mit Kränzen, Chrysanthemen und Rosen schmückt.

Seite 40

8 **a)**
Ellipse, z. B.: „Hübscher Name." (Z. 17); „Die Augen?" (Z. 20); „Schade. Deinen Arm. Die Sänfte, Roby und Toby." (Z. 65)
Personifikation: „Von der christlichen Fürsorge." (Z. 19); „in unserem bösen Wald" (Z. 45)
Hyperbel: „böse[r] Wald" (Z. 45); „grandioses Panorama" (Z. 60)
Understatement: „Ich weiß nur, daß ich ein sinnloses Leben beende." (Z. 49 f.)
Ironie: „Bei Todesfall kann man sich auf die verlassen." (Z. 31) „Ich danke dir für die Kränze, die Chrysanthemen und Rosen." (Z. 54)
Parataktischer Satzbau: Z. 9–34; Z. 56–68

b) *So könnte deine Lösung aussehen:*
Ellipse: Die zahlreichen Ellipsen tragen zu einer Beschleunigung des Sprecherwechsels und damit zu einer erhöhten Spannung bei. Die Informationen zum Kontext sind jeweils klar, sodass nicht alle

Tabelle zu Seite 39, Aufgabe 6a) *So könnte deine Lösung aussehen:*

Äußerung	Sachebene	Selbstkundgabe	Beziehung	Appell
Claire Zachanassian: Ich liebte dich. Du hast mich verraten. Doch den Traum von Leben, von Liebe, von Vertrauen, diesen einst wirklichen Traum habe ich nicht vergessen. Ich will ihn wieder errichten mit meinen Milliarden, die Vergangenheit verändern, indem ich dich vernichte." (Z. 51–53)	Ich habe die Möglichkeit, deinen Verrat an mir mithilfe meines Geldes zu rächen.	Ich bin immer noch verletzt von dem, was du mir damals angetan hast. Nun habe ich endlich die Gelegenheit, mich an dir zu rächen.	Früher hattest du die Macht, mein Leben zu zerstören; nun habe ich die Macht, deins zu zerstören.	Du musst verstehen, dass ich aufgrund meiner Erfahrungen mit dir so handeln muss.

Informationen des Satzes benötigt werden, um die Aussagen und Fragesätze zu verstehen. Das Gespräch wirkt in diesen Phasen sachlich und emotionslos.

Personifikation: Die Personifikation der christlichen Fürsorge unterstreicht die eigenständige Macht dieser Institution.
Die Personifikation des „bösen Wald[es]" verstärkt das Negative der Situation, indem dem Wald negative menschliche Charaktereigenschaften zugeschrieben werden.

Hyperbel: Die Hyperbeln „böse[r] Wald" und „grandioses Panorama" stehen einerseits für die Vergangenheit (Wald) und andererseits für die Zukunft, die Claire herbeisehnt.

Understatement: Dass Ill sein Leben als sinnlos bezeichnet, unterstreicht seine Resignation in der Situation, in der er sich befindet.
Ironie: Durch die ironische Äußerung „Bei Todesfall kann man sich auf die verlassen" (Z. 31) wird die Unmenschlichkeit der Situation deutlich, in der sich Claire nach der Geburt und beim Tod ihres Kindes befand.

parataktischer Satzbau: Das Gespräch wirkt an diesen Stellen sehr nüchtern, einsilbig und emotionslos, da weder Details zu den Ereignissen noch Gefühle thematisiert werden. Auch in Passagen des Gesprächs, in denen die Gesprächsbeiträge ausführlicher werden, dominieren kurze Sätze.

9 *So könnte deine Lösung aussehen:*
Das Groteske wird z. B. deutlich an:
- der ironischen Darstellung des Todes (vgl. Z. 31 und Z. 54)
- dem Verhältnis vom schwerwiegenden Inhalt des Gesprächs zum Plauderton, in dem das Gespräch stattfindet
- dem Verhältnis vom schwerwiegenden Inhalt des Gesprächs zu dem in den Regieanweisungen angegebenen Setting mit Gitarrenspiel, Windesrauschen und Heimatliedern
- der Art, wie Claire und Ill über den bevorstehenden Tod Ills sprechen und über das Mausoleum, das Claire für Ill auf Capri errichten möchte (vgl. Z. 54–60)

Seite 40/41

1 *So könnte deine Lösung aussehen:* → Tabelle unten.

2 *So könnte deine Lösung aussehen:*
Friedrich Dürrenmatt verfasste das Drama „Der Besuch der alten Dame" im Jahr 1956. In der ausgewählten Szene des 3. Akts unterhalten sich Claire Zachanassian und Alfred Ill über Claires Forderung hinsichtlich Ills Tod und Claires Pläne für Ills Begräbnis.
Die Szene befindet sich im 3. Akt des Dramas. Am Beginn des Dramas kommt die Milliardärin Claire Zachanassian nach 45-jähriger

Tabelle zu Seite 40/41, Aufgabe 1 *So könnte deine Lösung aussehen:*

Teile der Textinterpretation	Stichpunkte
Einleitung: **Autor/-in, Titel, Textsorte, Entstehungszeit, Thema** der Szene	– Friedrich Dürrenmatt, „Der Besuch der alten Dame", Drama, 1956, Auszug aus 3. Akt – Thema des Auszugs aus dem 3. Akt: Gespräch zwischen Claire und Ill über die Vergangenheit der beiden und den geplanten Tod Ills
Hauptteil Einordnung der Szene in den Handlungsverlauf	– Textauszug aus 3. Akt – 1. Akt: Clarie kehrt nach 45 Jahren nach Güllen zurück, lobt eine Milliarde Belohnung für Ermordung Ills aus; Claires Ziel ist, sich an Ill zu rächen, der die Vaterschaft des gemeinsamen Kindes bestritten hat und dafür sogar falsche Zeugen anführte. – 2. Akt: Ill versucht zunächst, Claire von ihrer Idee abzubringen, will Claire schließlich verhaften lassen; Polizist verweigert dies, nimmt Claires Bedingungen nicht ernst; aufgrund des Geldsegens für Güllen will niemand Ill helfen. – 3. Akt: Gemeindeversammlung der Güllener Bürger; Verurteilung Ills zum Tod
Knappe Zusammenfassung der Handlung der Szene	– Claire und Ill unterhalten sich über ihre Vergangenheit; Claire erzählt Ill von der gemeinsamen Tochter und deren Schicksal, nennt Rache für die Vergangenheit als Grund, dass sie Ill vernichten will, stellt Ill ein pompöses Begräbnis in Aussicht.
Darstellung der Ergebnisse der Figuren- und Gesprächsanalyse	– Gespräch wirkt z. T. wie eine unbefangene Plauderei, unterstützt vom Setting der Szene mit Gitarrenmusik, Gesang von Heimatliedern und Windesrauschen. – Claire ist im Gespräch dominant, weiß mehr als Ill, z. B. über das gemeinsame Kind; hat größere und wichtigere Redeanteile; demonstriert Macht, die sie aufgrund ihres Geldes über Ill hat; ist von dem Gedanken an Rache getrieben; spricht zynisch über Tod des eigenen Kindes und über Ills bevorstehenden Tod. – Ill wirkt unterwürfig gegenüber Claire; stellt vor allem Fragen, auf die Claire die Antworten hat; bezeichnet sein Leben als „sinnlos"; hat resigniert und akzeptiert klaglos seinen bevorstehenden Tod. – Gespräch hat zwei Wendepunkte: 1. in Zeile 33: „Ich erzählte dir von unserem Mädchen. Nun erzähl von mir."; 2. in Zeile 45: „Nun ist es soweit."
Schluss Kurze Zusammenfassung der Ergebnisse	– Ausschnitt verdeutlicht Machtverhältnisse zwischen Claire und Ill, die sich im Vergleich zur Vergangenheit umgekehrt haben. – Claires Kaltblütigkeit und Ills Resignation wird durch groteske Darstellung noch verstärkt.

Abwesenheit in ihrer verarmten Geburtsstadt Güllen an, wo ihr ein rauschender Empfang bereitet wird. Zur Freude aller Bewohner/-innen stellt sie der Stadt eine Spende in Höhe von einer Million Taler in Aussicht – die Hälfte für die leeren Stadtkassen und die andere Hälfte zur Verteilung an alle Bürger/-innen der Stadt. Als Bedingung stellt sie jedoch, dass ihr ehemaliger Geliebter – Alfred Ill – durch die Gemeinde zum Tode verurteilt wird. Grund für diese Forderung Claires ist, dass sie sich an Ill rächen will, der das gemeinsame Kind verleugnet und sogar noch falsche Zeugen angeführt hat, die belegen sollten, dass Ills Vaterschaft nicht sicher wäre. Ill versucht mit verschiedenen Mitteln, Claire von ihrer Forderung abzubringen – mit Schmeicheln, Drohen oder einer Anzeige bei der Polizei. Doch keiner der Güllener ist bereit, Ill zu helfen. Schließlich wird Ill am Ende des 3. Akts von der Gemeinde zum Tode verurteilt.

In der ausgewählten Szene treffen Claire Zachanassian und der bereits resignierte Alfred Ill im Konradsweiler Wald aufeinander und unterhalten sich zunächst über das gemeinsame Kind, das Claire nach seiner Geburt weggenommen wurde und bald darauf starb. Anschließend wendet sich das Gespräch und es geht um die vergangene Beziehung der beiden. Schließlich dreht sich die Unterhaltung um den bevorstehenden Tod Ills.

Die Stimmung der Szene wird einerseits durch die Regieanweisungen geprägt, die Gitarrenmusik, Windesrauschen und Gesang vorgeben, andererseits durch einen auf den ersten Blick lockeren Plauderton, der durch kurze Sätze und zahlreiche Ellipsen – vor allem in den Äußerungen Ills – geprägt ist (vgl. z. B. Z. 9–32). Diese parataktische Satzstruktur unterstützt die Emotionslosigkeit, die das Gespräch prägt. Die Regieanweisungen „Schweigen. Rauchen. Gitarre" (Z. 25) und „Schweigen" (Z. 32) zeigen aber auch, dass die Unterhaltung eher schleppend verläuft.

Claire Zachanassian wirkt in dem Gespräch dominant, da sie gegenüber Ill einen Wissensvorsprung und wegen ihres Geldes auch Macht über sein Schicksal hat. Dieses Machtverhältnis spiegelt sich auch in dem Redeanteil der beiden wieder, da Claires Redeanteil insgesamt höher ist und ihre Aussagen auch ausführlicher sind, während Ill – zumindest am Beginn des Gesprächs (vgl. Z. 9–32) – hauptsächlich sehr kurze und z. T. elliptische Fragen stellt. Die weitgehende Emotionslosigkeit des Gesprächs tritt vor allem zutage, wenn sich das Gespräch um den Tod dreht. So bezeichnet Claire ihr totes Kind als „das Ding" (Z. 18), das „bei Leuten" (Z. 27) gestorben sei. Diese Verhalten Claires wirkt distanziert und zynisch. Auch wenn es in dem Gespräch um den Tod Ills geht, verhalten sich die beiden nüchtern; er wird sogar von Claire positiv ausgeschmückt, indem sie Ill von einem Mausoleum auf Capri vorschwärmt, das sie für ihn errichten möchte (Z. 57 f.). Emotionen zeigt Claire nur, wenn es um ihre Rache an Ill geht: „Doch den Traum von Leben, von Liebe, von Vertrauen, diesen einst wirklichen Traum habe ich nicht vergessen. Ich will ihn wieder errichten mit meinen Milliarden, die Vergangenheit verändern, indem ich dich vernichte" (Z. 51–53). Hier steht der Aspekt der Selbstkundgabe Claires eindeutig im Vordergrund, was auch an der häufigen Verwendung des Personalpronomens „ich" in ihrer Aussage deutlich wird.

Dass Alfred Ill in dem Gespräch der Unterlegene ist, zeigt sich z. B. an seinen sehr kurzen Gesprächsbeiträgen, vor allem zu Beginn des Gesprächs, und auch an seiner resignierten Äußerung: „Heute abend versammelt sich die Gemeinde. Man wird mich zum Tode verurteilen, und einer wird mich töten. Ich weiß nicht, wer er sein wird und wo es geschehen wird, ich weiß nur, daß ich ein sinnloses Leben beende" (Z. 48–50).

Insgesamt wirkt das Gespräch zwischen Claire und Ill grotesk, da der eigentliche Inhalt des Gesprächs nicht zu der eher nüchternen Form passt. Unterstützt wird diese Wirkung noch durch die Regieanweisungen mit Gitarrenmusik und Gesang und einzelne Zitate aus Heimatliedern (vgl. z. B. Z. 42), die eine nicht existierende heile Welt vorgaukeln.

Zusammenfassend lässt sich sagen, dass in dieser Szene aus dem 3. Akt des Dramas „Der Besuch der alten Dame" noch einmal das Machtverhältnis zwischen Claire und Ill zutage tritt, das sich im Verhältnis zur gemeinsamen Vergangenheit der beiden umgekehrt hat. Claires Kaltblütigkeit und Ills Resignation werden durch die groteske Darstellung der Situation, in der das Gespräch stattfindet, noch verstärkt.

Seite 42

1 *So könnte deine Lösung aussehen:*
In dem Gedicht geht es um ein lyrisches Ich, das die Liebe in den Augen des lyrischen Du sieht. Dies erfüllt sein Herz mit Glück.

Seite 42/43

2 **a)** *So könnte deine Lösung aussehen:*

1. Strophe: Augen sagen mehr als die Sprache der Lippen
2. Strophe: Die Sprache der Augen ist süßer
3. Strophe: Die Augen öffnen den Blick in den Himmel
4. Strophe: Die Augen öffnen das Herz für das Glück

b) und **c)** *So könnte deine Lösung aussehen:*

die Augen / der Blick: lächelnd (V. 2), himmlisch (V. 2), erfüllen ihre Aufgabe süßer (V. 8), Himmels Quelle (V. 9), reinste Helle (V. 11), rein (V. 12), füllt Herz strömend mit Glück (V. 16)

der Mund / die Sprache: kann mit Sprache der Augen nicht mithalten (V. 3 f.), kann etwas wörtlich sagen (V. 5)

Seite 43

3 **a)** *So könnte deine Lösung aussehen:*
Der Blick bzw. die Augen sind für das lyrische Ich besser geeignet als der Mund (vgl. V. 3 f.), das Gefühl der Liebe auszudrücken und Glück zu erzeugen.

b) Das lyrische Ich ist in das lyrische Du verliebt und sieht in dem Blick des lyrischen Du die Erwiderung dieser Liebe (vgl. 1. Strophe), die das lyrische Du bisher nicht in Worten ausdrücken konnte (vgl. V. 2 f., V. 15 f.). Bisher war dem lyrischen Ich daher diese Liebe verschlossen (vgl. V. 10), was bei ihm zu einem abgrundtiefen Schmerz (vgl. V. 15) geführt hat.

4 *Individuelle Lösung*

Seite 44

1 – Anzahl der Strophen: 4
- Anzahl der Verse: 16
- Verse je Strophe: 4
- Reimschema: Kreuzreim, in Vers 1 und 3 unterbrochen
- Metrum: regelmäßiger vierhebiger Trochäus

2 *So könnte deine Lösung aussehen:*
Das regelmäßige Reimschema ist in den Versen 1 und 3 durchbrochen. Dies deutet darauf hin, dass diese Verszeilen eine besondere Bedeutung haben. Durch diese formale Gestaltung wird die Gegensätzlichkeit zwischen Augen (V. 1) und Lippen (V. 3) unterstützt.

3 *So könnte deine Lösung aussehen:*
Die zweite Strophe bildet ein konditionales Satzgefüge (Bedingungsgefüge). Durch die Verwendung des Konjunktivs II in Vers 5, der etwas Irreales ausdrückt, und des Indikativs in Vers 8 wird deutlich, dass die Sprache der Augen in jedem Fall überlegen ist.

4 **a)** Wortfeld „Wasser“: entquillt (V. 6), Quelle (V. 9), bricht aus (V. 11), strömend (V. 16)

b) Die Liebe erscheint im Gedicht ebenso wie das Wasser als Naturgewalt: Sie ist fließend und sanft, in ihrer Fülle jedoch auch mächtig und unbändig, besonders im Vergleich zum Verstand.

Seite 45

5 Folgende Nomen werden wiederholt:
- **Himmel** (V. 2, V. 9): Der Himmelsvergleich und die Himmelsmetapher erzeugen eine religiöse Überhöhung, da die Augen und der Blick als übernatürlich und übermenschlich dargestellt werden.
- **Herz** (V. 6, V. 13): Das Symbol steht für die Liebe und verbildlicht die Gefühle, die das lyrische Ich für das lyrische Du hegt.
- **Augen(-paar)** (V. 1, V. 7, V. 12): Die Augen sind das zentrale Motiv des Gedichts als wichtigstes Kommunikationsmittel zwischen den Liebenden.

6 Folgende sprachliche Mittel werden im Gedicht verwendet:
- **Personifikation:** „dass keine Lippe / Solche Sprache führen kann“ (V. 3 f.); „Still den Augen aufgetragen“ (V. 7)
- **Metapher:** „Und ich seh des Himmels Quelle“ (V. 9); „Und den Abgrund meiner Schmerzen“ (V. 15)
- **Symbol:** „Was dem Herzen tief entquillt“ (V. 6); „Und ich öffne still im Herzen“ (V. 13)
- **Vergleich:** „Lächelnd wie aus Himmeln an“ (V. 2)
- **Hyperbel:** „in reinster Helle“ (V. 11); „reinsten Augenpaar (V. 12); „Alles, alles diesem Blick“ (V. 14)
- **Enjambement:** „Und den Abgrund meiner Schmerzen / Füllt er strömend aus mit Glück“ (V. 15 f.)

7 *So könnte deine Lösung aussehen:*
- **Personifikation:** Die Personifikation in den Versen 3 und 6 vermenschlicht die beiden Körperteile Lippe und Augen, um diese als willentliche Helfer und Überträger der menschlichen Gefühle zu verdeutlichen.
- **Metapher:** Die Naturmetapher in Vers 15 verdeutlicht die Tiefe des erlittenen Schmerzes des lyrischen Ichs.
- **Symbol:** Vgl. Aufgabe 5.
- **Vergleich:** Vgl. Aufgabe 5.
- **Hyperbel:** Durch die Superlative und Wiederholungen zeigen die Hyperbeln die Überschwänglichkeit der Gefühle des lyrischen Ichs.
- **Enjambement:** Durch das Enjambement in den Versen 15 f. wird das Wort „Schmerz“ am Versende von Vers 15 besonders betont.

Seite 46

1 *So könnte deine Lösung aussehen:*
In dem Gedicht „Die Liebende abermals“ von Johann Wolfgang Goethe geht es um die Sehnsucht einer liebenden Frau nach ihrem Geliebten, die allerdings von Zwiespältigkeit geprägt ist.

2 *So könnte deine Lösung aussehen:*

1. Strophe: Der Brief an die geliebte Person
2. Strophe: Der Brief zum Überbringen der Gefühle
3. Strophe: Mangelndes Vertrauen
4. Strophe: Schwierige Begegnung

Das lyrische Ich ist räumlich von seinem Geliebten getrennt (vgl. V. 5) und möchte ihm deshalb einen Brief senden. Es ist jedoch zwiegespalten und kann seine Gedanken und Gefühle nicht in Worte fassen, ebenso wie bei einer bereits vergangenen Begegnung (vgl. V. 13).

3 **a)** *So könnte deine Lösung aussehen:*
Das Gedicht weist mit zwei Quartetten und zwei Terzetten die typische Form eines Sonetts auf. Inhaltlich gibt es eine Zäsur zwischen den Quartetten und Terzetten. In den Quartetten geht es um den Brief als Ausdrucksmittel für die Gefühle, in den Terzetten um den Wunsch nach körperlicher Nähe.

b) *So könnte deine Lösung aussehen:*
In der 1. Strophe wird der Brief als wiederholter Ersatz für Nähe verwendet, da das lyrische Ich sich dort besser ausdrücken kann und weniger gehemmt ist (vgl. V. 8, V. 13), aber trotzdem eine emotionale Nähe anstrebt (vgl. V. 5–8). Die wahre Erfüllung ist allerdings erst die körperliche Nähe, mit der sämtliche Worte der Gefühlsregung überflüssig werden (vgl. V. 14).

4 Das Reimschema der Quartette ist der umarmende Reim (ab ba), das Reimschema der Terzette der Kreuzreim (abc abc). Das Metrum ist ein durchgängiger 5-hebiger Jambus.

5 **a)**

Wortfeld „Sprache“ (Brief, reden): fragen (V. 2), sagen (V. 3, V. 13)

Wortfeld „Bewegung“: wenden (V. 1), kommen (V. 4, V. 5), senden (V. 5), hinübertragen (V. 6), hinüberwenden (V. 11), stand (V. 12)

b)

Alliteration: „Wünschen, Wähnen, Wollen" (V. 10)
Anapher: „Mein" (V. 6, V. 11, V. 14)
Enjambement: „Mein ungeteiltes Herz hinübertragen / Mit Wonnen, Hoffnungen, Entzücken, Plagen" (V. 6 f.); „Wie sich im Sinnen, Wünschen, Wähnen, Wollen / Mein treues Herz zu dir hinüberwendet" (V. 10 f.)
Parallelismus: „Das alles hat nicht Anfang, hat nicht Ende (V. 8)
Personifikation: „Mein ungeteiltes Herz hinübertragen" (V. 6); „Mein treues Herz zu dir hinüberwendet" (V. 11)
Rhetorische Frage: „Warum ich wieder zum Papier mich wende?" (V. 1); „Was hätt ich sagen sollen?" (V. 13)

c) *So könnte deine Lösung aussehen:*
Das lyrische Ich scheint hin- und hergerissen zwischen seinen Gefühlen zu sein, wenn es heißt: „Mit Wonnen, Hoffnungen, Entzücken, Plagen" (V. 7) und seinem „Sinnen, Wünschen, Wähnen, Wollen" (V. 10f.). Auf der einen Seite hat es große Sehnsucht nach körperlicher Nähe mit dem Geliebten (vgl. V. 14), auf der anderen Seite verspürt es jedoch auch Unsicherheit und Sprachlosigkeit bei dessen Anwesenheit: „Und sagte nichts. Was hätt ich sagen sollen?" (V. 13). Daher scheint dem lyrischen Ich der Brief als geeignetes Mittel, um seine Liebe auszudrücken.

Seite 47

6 *So könnte deine Lösung aussehen:* → Tabelle unten.

7 *Individuelle Lösung*

8 *So könnte deine Lösung aussehen:*
In dem Gedicht „Die Liebende abermals" aus dem Jahr 1807 von Johann Wolfgang Goethe geht es um die Sehnsucht einer liebenden Frau (vgl. Gedichttitel) nach ihrem Geliebten, die allerdings von Zwiespältigkeit geprägt ist. Es handelt sich bei dem Gedicht um ein typisches Sonett mit zwei Quartetten und zwei Terzetten, das einen regelmäßigen fünfhebigen Jambus aufweist.
Inhaltlich handeln die beiden Quartette von einem Brief, den das lyrische Ich an seinen Geliebten schreibt, um seine Gedanken und Gefühle für das lyrische Du auszudrücken. In den Terzetten steht dagegen die räumliche und körperliche Annäherung im Mittelpunkt, die vom lyrischen Ich zwar erwünscht ist, aber bisher nicht gelungen zu sein scheint.
Bereits im Titel des Gedichts „Die Liebende abermals" wird deutlich, dass es hier um einen wiederholten Austausch des lyrischen Ichs mit seinem Geliebten geht. Gleich zu Beginn der ersten Strophe ist von dem Brief die Rede, den das lyrische Ich an das lyrische Du schreibt. Die rhetorische Frage: „Warum ich wieder zum Papier

Tabelle zu Seite 47, Aufgabe 6 *So könnte deine Lösung aussehen:*

Inhalt	Sprachliche Gestaltung	Deutung
– Lyrisches Ich schreibt wiederholt Brief an Geliebten (vgl. Überschrift und V. 1).	– Rhetorische Frage	– Fiktive Stimme wendet sich an das lyrische Du, ohne eine Antwort zu erwarten, da es diese schon selbst kennt.
– Lyrisches Ich wird beherrscht von widerstreitenden Gedanken und Gefühlen (vgl. V. 7, V. 10).	– Aufzählungen	– Lyrisches Ich möchte dem Geliebten diesen Zwiespalt mitteilen, um ihm emotional nahe zu sein.
– Lyrisches Ich sendet wiederholt Ich-Botschaften an das lyrische Du mit dem Possessivpronomen „Mein" (V. 6, V. 11, V. 14) in Verbindung mit unterschiedlichen Symbolen, z. B. dem „Herzen" (V. 6, V. 11)	– Anapher (Wiederholung am Versanfang) mit Symbolen	– Lyrisches Ich betont die emotionale Zusammengehörigkeit zum lyrischen Du, die durch das Symbol des Herzens für die Liebe noch verstärkt wird.
– Lyrisches Ich ist hin- und hergerissen zwischen seinen Gefühlen: „Das alles hat nicht Anfang, hat nicht Ende." (V. 7 f.)	– Parallelismus	– Lyrisches Ich verdeutlicht die Unendlichkeit der Gefühle bzw. der Liebe.
– Lyrisches Ich ist bei direkter Begegnung mit dem lyrischen Du gehemmt: „Und sagte nichts." (V. 13)	– Ellipse (unvollständiger Satz)	– Die Auslassung des Subjekts verbildlicht die Sprachlosigkeit des lyrischen Ichs in Gegenwart des Geliebten.
– Lyrisches Ich spricht von seinem Herzen: „Mein ungeteiltes Herz hinübertragen" (V. 6); „Mein treues Herz zu dir hinüberwendet" (V. 11)	– Personifikation (Vermenschlichung)	– Herzsymbol wird vermenschlicht; Macht der Gefühle über das lyrische Ich werden so verdeutlicht.
– Lyrisches Ich benutzt im Gedicht unterschiedliche Verben der Sprache und Bewegung (vgl. Aufgabe 5 a)	– Wortfelder Bewegung und Sprache	– Lyrisches Ich nähert sich mithilfe der Verben aus dem Wortfeld „Sprache" gedanklich dem lyrischen Du an; die Verben der Bewegung zeigen Wunsch nach räumlicher Annäherung an.

mich wende?“ (V. 1) zeigt ebenfalls, dass das lyrische Ich bereits mehrere Versuche der Annäherung unternommen hat. Es weiß allerdings aufgrund der Fülle von Gedanken und z. T. widerstreitender Gefühle nicht, wie die Annäherung gelingen kann bzw. was es dem Geliebten schreiben soll: „Denn eigentlich hab ich dir nichts zu sagen“ (V. 3). Von dieser Sprachlosigkeit war offensichtlich auch die vergangene Begegnung des lyrischen Ichs mit dem Geliebten geprägt. Dies wird deutlich in der rhetorischen Frage: „Und sagte nichts. Was hätt ich sagen sollen?“ (V. 13).
Auch die Aufzählungen der Gefühle in Vers 7 mit „Wonnen“ auf der einen Seite und „Plage“ auf der anderen Seite zeigen den Zwiespalt, in dem das lyrische Ich sich befindet. Trotzdem ist der Wunsch nach Nähe sehr stark, was in der Aufzählung „Sinnen, Wünschen, Wähnen, Wollen“ (V. 10) deutlich wird, in der die Alliteration die Wirkung des Gesagten noch verstärkt.
Auffällig ist auch, dass zahlreiche Wörter in diesem Gedicht den Wortfeldern „Bewegung“ (vgl. V. 1, 4–6, 11, 12) auf der einen Seite und „Sprache“ (vgl. V. 2, 3, 9, 12, 13) auf der anderen Seite zugeordnet werden können. Diese beiden Wortfelder unterstützen den Kontrast zwischen dem Brief, in dem das lyrische Ich die Worte direkt an das lyrische Du richten kann, und der fehlenden körperlichen Nähe. Das lyrische Ich nähert sich mithilfe der Verben nicht nur emotional, sondern auch gedanklich dem lyrischen Du an und zeigt dadurch noch deutlicher seine Sehnsucht.
Auffällig ist auch, dass das lyrische Ich wiederholt das Possessivpronomen „Mein“ verwendet, das durch seine Stellung am Versanfang der Verse 6, 11 und 14 eine Anapher bildet. Dieses „Mein“ steht zweimal im Gedicht in Verbindung mit dem Herzen, das hier eine symbolische Bedeutung hat. Die Bedeutung des Herzsymbols wird noch durch die Personifikation des Herzens gesteigert, wenn es heißt: „Mein ungeteiltes Herz hinübertragen“ (V. 6) oder „Mein treues Herz zu dir hinüberwendet“ (V. 11). Das Herz wird damit zu einer selbstständig handelnden Figur, die dem lyrischen Ich die hilflose Sehnsucht geradezu diktiert und verantwortlich dafür ist, dass sich das lyrische Ich auf das lyrische Du zubewegt. Im letzten Vers des Gedichts wird das Herz durch das „Wesen“ ausgetauscht (vgl. V. 14), das hier eine noch umfassendere Bedeutung für das lyrische Ich hat.
Zusammenfassend lässt sich sagen, dass der innere Zwiespalt des lyrischen Ichs im Zentrum des Gedichts steht. Dieser wird sowohl durch den Inhalt des Gedichts deutlich als auch durch die sprachliche Gestaltung. Durch die genaue Untersuchung des Gedichts wurde die Interpretationshypothese also bestätigt.

Seite 49

1 *So könnte deine Lösung aussehen:*
In dem Text „Ein Pfand auf Elektrogeräte muss her!“ stellt die Autorin die Auswirkungen des Konsums ständig neuer elektronischer Geräte dar und fordert ein Pfand auf alte Elektrogeräte, um ein fachgerechtes Recycling der Rohstoffe zu organisieren.

2 *So könnte deine Lösung aussehen:*
1. Abschnitt: Z. 1–6: Einleitung: Illusion einer sauberen Technikwelt
2. Abschnitt: Z. 7–14: Verbraucher lassen sich gerne täuschen
3. Abschnitt: Z. 15–21: Die dunkle Seite der Technikwelt
4. Abschnitt: Z. 22–30: Verbraucher ohne Gewissen
5. Abschnitt: Z. 31–44: Schrott statt Rohstoffquelle
6. Abschnitt: Z. 45–51: Elektroschrott-Gesetz als Feigenblatt
7. Abschnitt: Z. 52–58: Schluss: Forderung nach einem Pfand auf Elektrogeräte

3 kommentierend (vorherrschend)
Begründung: Autorin stellt ihre persönliche Meinung dar, z. B. wertende Aussagen in Z. 7 f., 10 f., 15 f.; Artikel hat z. T. auch appellierende Teile, z. B. Überschrift als Aufforderung, Appell im letzten Absatz des Textes (Z. 52–58).

Seite 50

4 a) und **b)**
Aufruf: Die Verfasserin / Der Verfasser richtet einen Appell an die Leser/-innen und fordert sie zum Handeln auf.
Bericht: Vorwiegend informierender Text, der Tatsachen und Zusammenhänge darstellt. Er ist sachlich verfasst und verzichtet auf persönliche Wertungen.
Kommentar: Die Verfasserin / Der Verfasser stellt ihre/seine Meinung zu einem bestimmten Thema oder Sachverhalt dar.
Reportage: Charakteristisch ist eine Mischung zwischen Information, Bewertung und Darstellung persönlicher Beispiele.

1 a) und **b)**
A „Unschuldig weiß, so präsentieren sich die meisten Apple-Geräte, reinlich und schmuddelfrei.“ (Z. 1 f.) (wertende Adjektive)
B „Aus gutem Grund.“ (Z. 3) (Ellipse)
C „[...] die Bits und Bytes schweben unbekümmert durch eine immaterielle Datenwelt.“ (Z. 9 f.) (Alliteration, Anglizismus/Fachsprache, Personifikation)
D „[...] hämmern und meißeln in einer modrigen Unterwelt“ (Z. 17 f.) (wertendes Adjektiv, Metapher)
E „Was kann ein einzelner Konsument schon ausrichten?“ (Z. 23 f.) (rhetorische Frage)
F „Keine E-Mail lässt sich versenden, kein Video auf dem Handy gucken [...]“ (Z. 11 f.) (Parallelismus)
G „[...] welcher Baustein, welcher Rohstoff aus welchem Winkel der Erde stammt.“ (Z. 27) (Wiederholung)
H „[...] alte Fernseher, ausgediente Handys, veraltete Computer und vieles mehr.“ (Z. 33 f.) (Aufzählung)
I „[...] im normalen Müll, in Schubladen, auf Hinterhöfen – oder auf afrikanischen Müllhalden [...]“ (Z. 40 f.) (Aufzählung, Klimax)

Seite 51

1 c) *So könnte deine Lösung aussehen:*
Aufzählungen: „Es gäbe Silber, Gold, Platin, Kobalt und Gallium, wertvolle Metalle, Mineralien und seltene Erden in Hülle und Fülle [...]“ (Z. 36 f.)
Ellipse: „Wenig.“ (Z. 24); „Eben!“ (Z. 24); „Elektroschrott, tonnenweise.“ (Z. 34)

Wertende Adjektive: „Zusammen mit dem kühlen, klaren Design […]" (Z. 3); „Die dunkle Seite der digitalen Welt […], wo unter unmenschlichen Bedingungen die kostbaren Erze […]" (Z. 15 f.)

2 a) *So könnte deine Lösung aussehen:*
- „[…] wo unter unmenschlichen Bedingungen die kostbaren Erze […] geschürft werden." (Z. 15 ff.)
- „Mit altertümlichen Werkzeugen fördern sie Coltan und andere Rohstoffe zutage, ohne die unser modernes Leben schwer vorstellbar wäre." (Z. 19 f.)
- „[…] wie schmutzig die weiße Digitalwelt ist" (Z. 25 f.)

b) Das Oxymoron „federleichte Technologien" – „harte Materie" (Z. 11) verweist auf den Gegensatz zwischen der Darstellung elektronischer Geräte in den Medien und der Realität in Bezug auf die Herstellung und Entsorgung der Geräte.

3 *So könnte deine Lösung aussehen:*

Ellipse: Mit der Ellipse „Wenig. Eben!" (Z. 24) spiegelt die Autorin die Gedanken vieler Leser/-innen wider, die sich ebenfalls häufig in unvollständigen Sätzen äußern. Dadurch fühlen sich die Leser/-innen ertappt. Zudem stoppt der Lesefluss an dieser Stelle, was die Leser/-innen zusätzlich zum Nachdenken über ihr Verhalten anregt.

Aufzählung: Mit der Aufzählung der zahlreichen Rohstoffe „Es gäbe Silber, Gold […], seltene Erden in Hülle und Fülle" (Z. 36 f.) macht die Autorin anschaulich deutlich, wie groß die Ressourcenverschwendung tatsächlich ist.

Seite 52/53

1 *So könnte deine Lösung aussehen:*
In dem Kommentar „Ein Pfand auf Elektrogeräte muss her!" von Catherine Hoffmann aus der Süddeutschen Zeitung vom 2. Juni 2016 stellt die Autorin die Auswirkungen des Konsums ständig neuer elektronischer Geräte dar und fordert ein Pfand auf alte Elektrogeräte, um ein fachgerechtes Recycling der Rohstoffe zu organisieren.

2 a) *So könnte deine Lösung aussehen:*
In der Einleitung stellt die Autorin die Illusion einer sauberen Technikwelt dar, wie sie in der Werbung bekannter IT-Unternehmen gezeigt wird. Im Anschluss zeigt sie den Gegensatz zwischen dieser Illusion von Sauberkeit und Leichtigkeit einerseits, der von einem luftigen Design und Begriffen wie „Cloud" genährt wird, und der harten Realität andererseits auf. Als Beispiel dafür führt die Autorin den riesigen Ressourcenverbrauch – sowohl an Energie als auch an anderen Rohstoffen – an und prangert gleichzeitig die Arbeitsverhältnisse an, die z. B. in Ländern wie dem Kongo herrschen, um die für die elektronische Technologie notwendigen Rohstoffe zu fördern. Die Autorin prangert schließlich an, dass die Konsumenten moderner Technik nicht nur kein schlechtes Gewissen haben, sondern der Konsum elektronischer Devices weiterhin steigt und damit auch der Berg an Elektroschrott immer weiter wächst. Ein zusätzliches Problem sieht die Autorin in der nicht fachgerechten Entsorgung, die eine immense Verschwendung von Rohstoffen bedeutet.
Als Ausweg aus der Situation betrachtet Catherine Hoffmann ein Pfand auf Elektrogeräte. Daher appelliert sie abschließend an die Politikverantwortlichen und die Leser/-innen, sich für ein solches Pfand einzusetzen.

b) Bei dem Text von Catherine Hoffmann handelt es sich um einen Kommentar, dessen vorwiegende Intention es ist, die Meinung der Autorin zu diesem Sachverhalt darzustellen. Dies wird zum einen durch die Auswahl der Informationen, die die Autorin zum Thema anführt, als auch durch die sprachliche Gestaltung mit zahlreichen wertenden Adjektiven deutlich. Ziel des Textes ist es aber auch, an die Verantwortlichen in der Politik und an das Verhalten der Leser/-innen zu appellieren (vgl. Z. 52–58).

c) Ihre Aussagen unterstützt die Autorin durch die Verwendung zahlreicher sprachlicher Mittel. Besonders auffällig sind die vielen positiv und negativ wertenden Adjektive, mit der die „saubere" Technikwelt auf der einen Seite und die „schmutzige" Realität auf der anderen Seite charakterisiert wird. So wird die Selbstdarstellung der Apple-Welt – stellvertretend für die gesamte Branche – mit den Adjektiven „unschuldig", „weiß", „reinlich" und „schmuddelfrei" (Z. 1 f.) oder „kühl" und „klar" (Z. 3) charakterisiert. Die Wirklichkeit beschreibt sie dagegen als „hart" (Z. 11), „dunkel" (Z. 15) und „modrig" (Z. 18). Damit macht die Autorin deutlich, dass es hier einen gravierenden Unterschied zwischen Schein und Sein gibt. Außerdem finden sich im Text zahlreiche Oxymora, die diesen Gegensatz ebenfalls sprachlich verdeutlichen, z. B. die Aussage: „Doch hinter diesen federleichten Technologien steckt harte Materie" (Z. 10 f.). Besonders bei der Darstellung der Produktionsbedingungen moderner Technologie veranschaulicht die Verfasserin ihre Sicht auf die Dinge mithilfe von Oxymora. So heißt es im Text, dass im Kongo „[…] unter unmenschlichen Bedingungen die kostbaren Erze […] geschürft werden" (Z. 16 f.) oder dass die Arbeiter mit „altertümlichen Werkzeugen […] Coltan und andere Rohstoffe zutage [fördern], ohne die unser modernes Leben schwer vorstellbar wäre" (Z. 19 f.).
Mithilfe zahlreicher Aufzählungen macht die Autorin zudem das Ausmaß der Ressourcenverschwendung im Zusammenhang mit der modernen Technologie deutlich, wenn sie z. B. aufführt, welche Rohstoffe Deutschland durch die unsachgemäße Entsorgung von Handys, Tablets usw. verloren gehen (vgl. Z. 36 f.). Mit der Klimax „Der Rest verschwindet einfach im normalen Müll, in Schubladen, auf Hinterhöfen – oder auf afrikanischen Müllhalden" (Z. 40 f.) zeichnet sie den Weg der in Europa weggeworfenen elektronischen Gegenstände nach und veranschaulicht den Leserinnen und Lesern die vorherrschende Wegwerfmentalität. An dem deutschen Elektroschrott-Gesetz, dessen Intention es sein sollte, das Elektroschrottaufkommen und die unsachgemäße Entsorgung von elektronischen Geräten einzuschränken, kritisiert Catherine Hoffmann die abwegigen Zusatzbestimmungen, indem sie den 400 Quadratmetern Verkaufsfläche die maximale Größe eines zu entsorgenden Geräts von maximal 25 Zentimetern (vgl. Z. 48 f.) gegenüberstellt.
Zum Schluss des Artikels schlägt die Autorin eine Pfandregelung vor, die dafür sorgen könnte, „soziale und ökologische Mindeststandards" (Z. 52–58) einzuhalten.

3 a) Anhand dieser Beispiele wird deutlich, dass die Catherine Hoffmann ihre Position vor allem mit der Schilderung der Gegensätzlichkeit zwischen dem oberflächlichen Glanz der Technikwelt und den negativen Produktionsbedingungen und Umweltfolgen darstellt. Dadurch gelingt es der Autorin, ihre Leser/-innen von ihrem Anliegen zu überzeugen.

b) Die Autorin hat meines Erachtens recht, wenn sie fordert, dass ein Pfand auf Elektrogeräte erhoben werden soll, um so die aktuelle Ressourcenverschwendung durch unsachgemäße Entsorgung elektronischer Artikel einzudämmen. Andererseits sollte jedoch auch überlegt werden, wie man dem immer schnelleren Austausch alter Geräte gegen neue entgegenwirken könnte, indem z. B. Geräte herstellt, die länger aktuell gehalten oder sogar repariert werden können.

Seite 55

1 a) *So könnte deine Lösung aussehen:*

1. Abschnitt: Z. 1–3: Einleitung: Die größte Müllhalde Westafrikas
2. Abschnitt: Z. 4–10: Brennender Müll verpestet die Umwelt in Ghana
3. Abschnitt: Z. 11–29: Das Geschäft mit dem Müll gefährdet die Kinder von Agboblashie
4. Abschnitt: Z. 30–51: Rücksichtslose Händler profitieren von illegaler Entsorgung aus Europa und den USA
5. Abschnitt: Z. 52–54: Ein „umweltfreundliches" Kopiergerät aus Köln (Schlusspointe)

b) *So könnte deine Lösung aussehen:*

Textfunktion (Intention): sowohl informierend als auch bewertend mit Schilderung persönlicher Eindrücke

Textsorte: Reportage; Begründung: szenischer Einstieg (vgl. Z. 4 ff.), Einbindung von Zitaten (vgl. Z. 19 f., 34 ff. und 46 ff.), Hintergrundinformationen zum Thema (vgl. Z. 30–51)

c)

Sprachstil:

- alltagsnah/umgangssprachlich, z. B.: „[...] wollen ran an das Metall" (Z. 12 f.); Mischung zwischen sachlich (vgl. z. B. Z. 30 ff.) und wertend (vgl. z. B. Z. 8 ff.); anschaulich (vgl. szenischer Einstieg, Z. 4 ff.)
- Satzbau: häufig kurze Sätze (vgl. z. B. Z. 4–7); und oft auch unvollständige Sätze (Ellipsen), z. B.: „Etwa 500 sollen es regelmäßig sein" (Z. 12); z. T. aber auch Satzgefüge

Wortwahl und sprachliche Mittel:

- negativ wertende Adjektive, z. B.: „ölverdreckte, stinkende Lagune" (Z. 2 f.), „grellgrüne Flammen" (Z. 4 f.), „dicker schwarzer Qualm" (Z. 5), „Wie extrem giftig die Dämpfe sind [...]" (Z. 24 f.)
- Verben wie „beißt" (Z. 5), „dröhnt" (Z. 6), „juckt" (Z. 6)
- zahlreiche Aufzählungen, z. B.: „Kühltruhen, Fernseher, Drucker, Computer" (Z. 4); „Kupfer, Aluminium, Blei" (Z. 13); „Platinen, Schrauben, Kupferdrähte" (Z. 17)
- Personifikation: „Schwefel beißt in meinen Augen." (Z. 5 f.); „Seine Stimme verrät, wie krank ihn seine Arbeit macht." (Z. 18)
- Vergleich: „Der Rauch [...] ist so schwarz, dass man die Sonne nicht mehr sieht." (Z. 9 f.)

2 *So könnte deine Lösung aussehen:*
In der Reportage „Der schlimmste Müllplatz Westafrikas" von Alexander Göbel vom 1. September 2016 von Deutschlandfunk Kultur stellt der Autor die Situation in Agbobloshie dar. In diesem Stadtteil von Ghanas Hauptstadt Accra wird Elektroschrott aus Europa ausgeschlachtet und verbrannt, was nicht nur zu einer extremen Umweltbelastung führt, sondern auch die Menschen vor Ort schwer krank macht.

Der Autor steigt nach einer kurzen Einleitung, in der er darüber informiert, dass er sich in Agbobloshie – einem Vorort der ghanaischen Hauptstadt – befindet, mit seinen persönlichen Eindrücken der Situation vor Ort ein. Er schildert anschaulich, wie er die Umweltbelastung und die gesundheitlichen Auswirkungen, die durch das Verbrennen alter Elektrogeräte entsteht, am eigenen Leib erfährt. Im Anschluss stellt der Autor die Situation der Kinder und Jugendlichen auf den Abfallhalden im Allgemeinen und am Beispiel eines elfjährigen Jungen im Besonderen dar. Er zeigt auf, welche massiven gesundheitlichen Folgen die Entsorgung europäischen Elektroschrotts für die Menschen im westlichen Afrika hat. Zusätzlich liefert Alexander Göbel Hintergrundinformationen über die illegale Praxis westlicher Länder, Elektromüll nach Afrika zu exportieren und mit rücksichtslosen Händlern und korrupten Zollbeamten zusammenzuarbeiten. Die Reportage endet mit der Pointe, dass der Autor in Agbobloshie über ein kaputtes Kopiergerät stolpert, das laut Aufschrift einen Beitrag zur Umweltfreundlichkeit leisten soll.

Inhalt und Aufbau des Textes sind charakteristisch für eine Reportage, deren Intention es ist, sowohl zu informieren als auch zu bewerten und persönliche Eindrücke darzustellen. Die persönlichen Eindrücke werden z. B. in dem „szenischen Einstieg" in den Text (vgl. Z. 4 ff.) und durch die Einbindung von Zitaten (vgl. z. B. Z. 34–37 und Z. 46–51) unterstützt. Auch die Schilderung eines Einzelfalls – hier des elfjährigen Jungen Peter – als Stellvertreter für die gesamte Situation ist charakteristisch für eine Reportage. Zudem liefert der Autor zahlreiche Hintergrundinformationen (vgl. Z. 30–51) zum Problem der illegalen Müllentsorgung in Westafrika. Charakteristisch für eine Reportage ist auch die Pointe am Ende des Textes. Mit dieser Darstellung bezieht der Autor ganz klar Position zu dem Geschilderten.

Der Stil des Textes ist gut verständlich und anschaulich. Weite Teile des Texts sind geprägt von kurzen und z. T. auch unvollständigen Sätzen (Ellipsen), z. B. im zweiten Absatz des Textes, wenn der Autor seine persönlichen Eindrücke vor Ort schildert: „Dazu dicker, schwarzer Qualm. Schwefel beißt in meinen Augen. Das Atmen fällt schwer. Mein Kopf dröhnt. Die Haut juckt" (Z. 5 f.). Diese Satzstruktur trägt einerseits zur guten Verständlichkeit des Textes bei und wirkt andererseits desillusionierend.
Die Bewertung der Situation durch den Autor wird vor allem durch die zahlreichen negativen Adjektive deutlich, mit denen der Autor die Situation beschreibt, z. B. „am Rande einer ölverdreckten, stinkenden Lagune" (Z. 2 f.), „grellgrüne Flammen" (Z. 4 f.), „[d]azu dicker schwarzer Qualm" (Z. 5) oder „wie extrem giftig die Dämpfe sind" (Z. 24 f.). Auch Verben wie „beißt" (Z. 5), „dröhnt" (Z. 6) oder „juckt" (Z. 6) verdeutlichen die schädlichen Auswirkungen der illegalen Müllverbrennung. Mit den Personifikationen „Schwefel beißt in meinen Augen" (Z. 5 f.) oder „Seine Stimme verrät, wie

krank ihn seine Arbeit macht" (Z. 18) erhöht der Autor die Anschaulichkeit noch. Dasselbe gilt für den Vergleich: „Der Rauch […] ist so schwarz, dass man die Sonne nicht mehr sieht" (Z. 9 f.). Mithilfe von Aufzählungen wie „Kühltruhen, Fernseher, Drucker, Computer" (Z. 4), „Kupfer, Aluminium, Blei" (Z. 13) und „Platinen, Schrauben, Kupferdrähte" (Z. 17) macht der Autor einerseits das Ausmaß des Müllaufkommens deutlich und veranschaulicht auf der anderen Seite anhand konkreter Beispiele, welche Rohstoffe das Ausschlachten von Elektrogeräten für die Kinder und Jugendlichen in Ghana so attraktiv machen.
Händler und Zollbeamte, die für den illegalen Handel zuständig sind, bewertet der Autor mit den Adjektiven „rücksichtslos" (Z. 41) und „korrupt" (Z. 44).
Anhand dieser Beispiele wird deutlich, wie es dem Autor gelingt, den deutschen Leserinnen und Lesern die katastrophale Situation in Agbobloshi anschaulich vor Augen zu führen. Hierzu tragen zum einen die charakteristischen Elemente einer Reportage bei, z. B. der szenische Einstieg, die Schilderung eines Einzelfalls als Stellvertreter für die Gesamtsituation und die Wiedergabe von Zitaten. Die Bewertung des Autors wird vor allem durch die verwendeten negativen Adjektive und Verben deutlich, aber auch durch andere sprachliche Mittel wie der Personifikation.
Dem Autor gelingt es aus meiner Sicht, mit seiner Reportage die Leser/-innen zum Nachdenken über ihr eigenes Verhalten im Hinblick auf die Entsorgung elektronischer Geräte anzuregen. Allerdings enthält der Text keine konkreten Appelle. Die Rückschlüsse auf ihr eigenes Verhalten müssen die Leser/-innen daher selbst ziehen.

Seite 56

1 Unterstreichung aller Prädikate:
(1) Man kann sich ein Leben ohne Computer vorstellen. (2) Ohne Auto. (3) Sogar ohne Telefon. (4) Aber wer möchte heute nur eine kleine Zahnextraktion ohne Anästhesie erleiden? (5) Nimmt man Unverzichtbarkeit als Kriterium, steht die Anästhesie ganz oben auf der Liste. (6) Das sahen auch die Zeitgenossen ihrer Erfindung – offiziell 1846 – so, welche die Anästhesie in ihren Publikationen bejubelten. (7) Aber wie sah es die schweigende Mehrheit? (8) Es ist verblüffend: (9) In Tagebüchern und ähnlichen Zeugnissen von Ärzten jener Zeit wird die epochemachende Erfindung oft nur beiläufig erwähnt. (10) Die meisten Chirurgen nahmen „kleinere" Operationen wie etwa die Amputation eines Fingers noch lange bei vollem Bewusstsein des Patienten vor. (11) Der erste Versuch, mit Lachgas Operationsschmerzen zu tilgen, wurde übrigens bereits 1800 in einem viel beachteten medizinischen Fachblatt publiziert. (12) Die Medizin hatte es mit diesem Durchbruch nicht gerade eilig …

2 **a)** und **b)**

Satz (9):
- Anzahl der Satzglieder: 4
- Benennung der Satzglieder: in Tagebüchern und ähnlichen Zeugnissen von Ärzten jener Zeit (Präpositionalobjekt); wird … erwähnt (Prädikat); die epochemachende Erfindung (Subjekt); oft nur beiläufig (adv. Bestimmung der Art und Weise)

Satz (10):
- Anzahl der Satzglieder: 5
- Benennung der Satzglieder: die meisten Chirurgen (Subjekt); „kleinere" Operationen wie etwa die Amputation eines Fingers (Akkusativobjekt); noch lange (adv. Bestimmung der Zeit); bei vollem Bewusstsein des Patienten (adv. Bestimmung des Grundes / der Bedingung)

Seite 57

3 *So könnte deine Lösung aussehen:*

Art des Attributs	Beispiel
Adjektivattribut	die epochemachende Erfindung (Z. 10 f.)
Genitivattribut	die Zeitgenossen ihrer Erfindung (Z. 6)
Präpositionalattribut	ein Leben ohne Computer (Z. 1)
Genitivattribut	wie etwa die Amputation eines Fingers (Z. 12 f.)
Attributsatz/Relativsatz	welche die Anästhesie in ihren Publikationen bejubelten (Z. 7)

4 **a)** Satz (5) steht im Indikativ.

b) Nähme man Unverzichtbarkeit als Kriterium, stünde/stände die Anästhesie ganz oben auf der Liste.
→ Konjunktiv II stellt Aussage als irreal dar.

5 *So könnte deine Lösung aussehen:*
Der Autor Marcel Hänggi beschreibt, dass die meisten Chirurgen „kleinere" Operationen wie etwa die Amputation eines Fingers noch lange bei vollem Bewusstsein des Patienten vorgenommen hätten. Der erste Versuch, mit Lachgas Operationsschmerzen zu tilgen, so Hänggi, sei übrigens bereits 1800 in einem viel beachteten medizinischen Fachblatt publiziert worden. Die Medizin, fasst Hänggi zusammen, habe es mit diesem Durchbruch nicht gerade eilig gehabt.

6 **a)** Es ist verblüffend, dass in Tagebüchern und ähnlichen Zeugnissen von Ärzten jener Zeit die epochemachende Erfindung oft nur beiläufig erwähnt wird.

b) Subjektsatz

7 *So könnte deine Lösung aussehen:*
Möchte aber heute jemand nur eine kleine Zahnextraktion ohne Anästhesie erleiden?

Seite 58

1 **a) Melitta Bentz (1873–1959) erfindet den Kaffeefilter**
Trotz Kapselmaschinen und Kaffeevollautomaten ist er für Genießer klassischen Kaffees immer noch jeden Morgen ein wichtiges Utensil: der Kaffeefilter samt Filteraufsatz.

Wahrscheinlich mochte Melitta Bentz aus Dresden keinen Kaffeesatz. Deshalb nahm sie eines Tages das Löschpapier aus den Schulheften ihrer Söhne heraus, legte es in eine Konservendose, deren Boden sie mit einem Nagel durchlöchert hatte, und filterte mithilfe dieser Konstruktion ihren Kaffee. Anschließend führte sie ihre Erfindung ihren Freundinnen vor. Bei Zweifeln an der Brauchbarkeit der Konstruktion hätte Melitta Bentz auf eine Weiterentwicklung verzichtet. 1908 konnte sie jedoch aufgrund der vielen positiven Rückmeldungen aus ihrem Bekanntenkreis für ihre Konstruktion das Patent anmelden. Der Melitta-Filter war entstanden.

b)
lokal: aus den Schulheften ihrer Söhne
temporal: jeden Morgen, eines Tages, anschließend, 1908
kausal: aufgrund der vielen positiven Rückmeldungen aus ihrem Bekanntenkreis
konzessiv: trotz Kapselmaschinen und Kaffeevollautomaten
final: Deshalb nahm sie [...] das Löschpapier [...] heraus ...
modal: mit einem Nagel, mithilfe dieser Konstruktion
konditional: bei Zweifeln an der Brauchbarkeit der Konstruktion

2 a) und **b)**
A Attribut, Umstellprobe (Vorfeldprobe)
B Adv. Bestimmung, Frageprobe
C Präpositionalobjekte, Frageprobe
D Attribut, Umstellprobe (Vorfeldprobe)
E Präpositionalobjekt, Frageprobe

Seite 59

1 *So könnte deine Lösung aussehen:*
(1) Nachdem ihr Mann plötzlich verstorben war, ...
(2) ..., obwohl sie erst 27 Jahre alt war, ...
(3) ... die später weltberühmt wurde, ...
(4) ... während man versuchte, die bei der Gärung entstandenen Ablagerungen zu entfernen, ...
(5) ..., welche Cliquot entwickelt hatte, ...
(6) ..., sodass der Hals schräg nach unten zeigt ...
(8) ..., damit die gesamte Produktion beschleunigt werden konnte ...

Seite 60

2 *So könnte deine Lösung aussehen:*

(7) Die Flaschen wurden täglich gerüttelt, infolgedessen sammelten sich die Ablagerungen aus Hefe und Zucker am Korken, und auf diese Weise konnten sie einfach entfernt werden.

(9) Das Verfahren bewirkte eine Beschleunigung der gesamten Produktion, auf diese Weise konnten nämlich die Flaschen nach Entfernung der herausgerüttelten Ablagerungen früher verkorkt werden.

3 a) und **b)** *So könnte deine Lösung aussehen:*
- trotzdem (konzessiv): Auch erfolgreiche Erfinder/-innen erleiden manchmal Rückschläge, trotzdem bleiben sie ihrer Idee treu.
- also (kausal): Die Heimmannschaft liegt 0:1 zurück, also muss sie in der zweiten Halbzeit mutiger nach vorne spielen.
- deshalb (konditional): Barbe-Nicole Cliquot wollte die Champagnerproduktion beschleunigen, deshalb erfand sie die sogenannte Rüttelmethode.
- währenddessen (temporal): Geh du schon mal in den Kinosaal, währenddessen hole ich Popcorn.

4 a) und **b)** *So könnte deine Lösung aussehen:*
- Adverbiale Bestimmung (Adv. Best.): Trotz der lauten Musik im Nachbarhaus ...
  Gliedsatz (GS): ..., obwohl die Musik im Nachbarhaus sehr laut war
- Adverbiale Bestimmung: Dank der guten Schauspielerin
  Gliedsatz: ..., weil die Schauspielerin so gut spielte
- Adverbiale Bestimmung: Laut einer Studie der Universität Bonn
  Gliedsatz: ..., wohingegen eine Studie der Universität Bonn zu dem Ergebnis kam
- Adverbiale Bestimmung: Gegen seinen Willen
  Gliedsatz: ..., weil er nicht wollte
- Adverbiale Bestimmung: anlässlich ihres bestandenen Abiturs
  ..., nachdem sie das Abitur bestanden hatte
- Adverbiale Bestimmung: wegen der nahenden Geisterstunde
  ..., weil die Geisterstunde heranrückte
- Adverbiale Bestimmung: mittels Verwendung eines besonderen Messgeräts
  ..., indem sie ein besonderes Messgerät verwendeten
- Adverbiale Bestimmung: infolge der Trockenheit
  ..., da eine lange Trockenheit herrschte
- Adverbiale Bestimmung: aufgrund seiner Allergien
  Gliedsatz: ..., da er Allergien hatte
- Adverbiale Bestimmung: gemäß den Bestimmungen
  Gliedsatz: ..., wenn man die Bestimmungen berücksichtigt

Seite 61

5 a) *So könnte deine Lösung aussehen:*

Die Erfindung des Scheibenwischers durch Mary Anderson (1866–1953)
Das genaue Datum der Erfindung des Scheibenwischers durch Mary Anderson ist nicht bekannt. Vermutlich war die Beobachtung von Straßenbahnfahrern beim Öffnen der Fenster trotz eisiger Kälte im Winter zur Vermeidung der Vereisung die Grundlage ihrer Idee, möglicherweise auch das Aussteigen der Autofahrer im Winter zur Befreiung der Scheiben von Schnee oder auch eigene Erfahrungen mit der Notwendigkeit des Anhaltens bei starkem Regen. Im Jahre 1903 erfolgte die Einreichung des Patents für den Scheibenwischer durch Mrs Anderson und zehn Jahre nach der Einreichung war der Scheibenwischer selbstverständlicher Teil der Standardausrüstung jedes Autos.

b) *So könnte deine Lösung aussehen:*
Es ist nicht bekannt, wann genau Mary Anderson den Scheibenwischer erfand. Die Grundlage ihrer Idee war vermutlich ihre Beobachtung, dass die Straßenbahnfahrer trotz eisiger Kälte die Fenster öffnen mussten, damit diese nicht vereisten. Möglicherweise hatten sie aber auch Autofahrer, die im Winter aus ihren Autos ausstei-

gen mussten, um die Scheiben von Schnee zu befreien, zu ihrer Erfindung inspiriert. Auch Anderson selbst kannte die Situation, dass sie bei starkem Regen anhalten musste. Im Jahr 1903 reichte Mrs Anderson ihr Patent für den Scheibenwischer ein. Zehn Jahre nachdem sie das Patent angemeldet hatte, gehörte der Scheibenwischer als Standardausrüstung zu jedem Auto.

c) *So könnte deine Lösung aussehen:*
Umwandlung der Genitivattribute in Glied- und Relativsätze

6 *So könnte deine Lösung aussehen:*

Otto von Guericke (1602–1686) – Entdecker des Vakuums
Als Otto von Guericke ein Vakuum herstellte, bemerkte er, dass Kräfte wirkten, die er den Lufteigenschaften zuschrieb. Deshalb wollte er das Gewicht der Luft mit einer Waage bestimmen. Zunächst wog er ein luftleeres Gefäß, in das er nach dem Wiegen Luft einströmen ließ. Anschließend wog er das Gefäß erneut, damit er die Differenz messen konnte, die durch das Gewicht der eingeströmten Luft entstanden war.
Infolge seiner Erkenntnisse baute Guericke ein Barometer, das ein Wettermännchen enthielt. Mithilfe des Barometers beobachtete er den Zustand der Luft, der sich erheblich verändern konnte. Nahm das Gewicht der Luft ab, dann stellte sich die Figur auf den untersten Punkt der Skala. Auf diese Weise konnte Guericke ein unerwartetes Unwetter vorhersagen, das woanders tobte und erst später nach Magdeburg zog. Dank seiner Wetterbeobachtungen konnte Guericke als erster Wettervorhersagen machen.

Seite 62

1 **A** eine praktische Erfindung (Adjektivattribut)
B eine Erfindung, die der Menschheit nützt (Relativsatz)
C eine Erfindung ohne praktischen Nutzen (Präpositionalattribut)
D Gutenberg, berühmt für die Erfindung des Buchdrucks (Attributsatz)
E die Erfindung der Dampfmaschine (Genitivattribut)

2 *So könnte deine Lösung aussehen:*

Verkannte Erfinder
Der Traum vom Erfolg wird leider für viele Erfinder nicht wahr. So war Heron von Alexandria die Anerkennung seiner Zeitgenossen nicht vergönnt. Heron lebte im 1. Jahrhundert nach Christus in Alexandria, dem damaligen Zentrum griechisch-römischer Wissenschaft. Der geniale Mathematiker und findige Ingenieur konstruierte Türen, die sich wie von Geisterhand öffneten, wenn ein Priester das heilige Feuer in einer Schale vor dem Tempel entzündete. Hatte er sich der Hilfe der Götter bedient? Mitnichten. Heron nutzte das vom Feuer erhitzte Wasser zur Erzeugung von Wasserdampf. Mit dem Druck, der so entstand, bewegte er die Seilwinden hinreichend. Er hatte eine Dampfmaschine erfunden, eine Mechanik, die die Griechen als Spielerei ansahen. Auch die Römer, die von Technik begeistert waren, nutzten die Möglichkeit nicht, da sie Sklaven hatten, die schwere Arbeit verrichten konnten.

Seite 63

1 *So könnte deine Lösung aussehen:*

Ein 14-Jähriger als Erfinder
Taylor Rosenthal ist 14 Jahre alt. Er spielt gern Basketball und hat dabei eine Marktlücke entdeckt: fehlendes Verbandsmaterial in den Sporthallen. Mit seiner Erfindung begeistert er Investoren. Am Rande des „TechCrunchDisrupt"-Kongresses erzählt er dem Nachrichtensender CNN, dass er und seine Mitschüler ursprünglich für ein Schulprojekt eine Geschäftsidee hätten entwickeln sollen. In den neun Jahren, in denen er Basketball spiele, sei es oft so gewesen, dass sie noch nicht einmal ein Pflaster hätten auftreiben können, wenn sich in der Halle ein Spieler verletzt habe. Deshalb sei seine erste Idee gewesen, Verbandsmaterial bei den Spielen zu verkaufen. Er habe aber schnell festgestellt, dass mit den Verkäufen zu hohe Personalkosten entstünden, die man nur mit einem Verkaufsautomaten vermeiden könne. Der junge Erfinder beschreibt, wie er einen Prototyp skizziert und zum Patent angemeldet habe. Daraufhin habe er 100 000 Dollar Startkapital gesammelt und damit sein Unternehmen RecMed gegründet. Er freue sich nun, seine Ideen auf dem Kongress „TechCrunchDisrupt" vorzustellen und um Investoren werben zu dürfen.

2 *So könnte deine Lösung aussehen:*

Interview mit dem Wunderkind Jack Andraka
Reporter: Wie bist du Forscher geworden?
Andraka: Ich habe schon als Dreijähriger experimentiert. Zum Beispiel haben mein Bruder und ich alles ins Wasser fallen lassen, was wir in die Hände bekommen haben, und wir haben uns gefragt, warum ein Gegenstand schwimmt und der andere untergeht.
Reporter: Wie hast du die wissenschaftliche Methodik gelernt?
Andraka: Ich habe sie mir selbst beigebracht. Unsere Eltern haben uns keine Antworten auf unsere Fragen gegeben, sondern uns gesagt, wir sollten es selbst herausfinden.
Reporter: Ab welchem Alter hast du an Erfinderwettbewerben teilgenommen?
Andraka: Ich habe schon mit sechs Jahren an Erfinderwettbewerben teilgenommen.
Reporter: Wie kamst du auf die Idee mit dem Teststreifen?
Andraka: Die Idee hatte ich im Biologieunterricht, nachdem ein Onkel von mir an Krebs erkrankt war.
Reporter: Wie bist du bei deiner Arbeit an den Teststreifen vorgegangen?
Andraka: Ich habe die vorliegenden Studien ausgewertet und am Computer recherchiert. Aber ich bin nicht weitergekommen, weil ich keinen Zugang zu einem Labor hatte. Ein Professor der John-Hopkins-Universität hat mich schließlich in seinem Labor arbeiten lassen.
Reporter: Wie könntest du deine Erfindung verwerten?
Andraka: Die Materialien für meinen Krebstest kosten nur drei Cent und der Test ist in 90 % der Fälle zuverlässig. Von daher sehe ich gute Chancen dafür, dass mein Test irgendwann verwendet wird.

3 *So könnte deine Lösung aussehen:*

Wunderkind Jack Andraka
Der 15-jährige Jack Andraka hat einen hochdotierten Preis gewonnen für die Entwicklung eines Teststreifens, der das Protein Meso-

thelin erkennt, das bei Krebserkrankungen im Blut vorkommt. Auf die Frage nach seinem Werdegang zum Forscher berichtet er von ersten Experimenten mit Wasser, bei denen er sich die Frage nach der Schwimmfähigkeit verschiedener Gegenstände stellte. Auf diese Weise eignete er sich die wissenschaftliche Methodik an. Diese Kenntnisse halfen ihm, die vorliegenden Studien auszuwerten und im Labor an der Entwicklung des Tests zu arbeiten.
Jack Andrakas Krebstest ist preiswerter als die gängigen Nachweisverfahren, zudem hat sich der Test in 90 % der Fälle als zuverlässig erwiesen.

Seite 64

1 Indikativ:
Wenn es keinen Strom gibt, habe ich keine Arbeit. Wenn ich nicht zur Arbeit gehe, verdiene ich kein Geld. Wenn ich kein Geld verdiene, kann ich mir keine Nahrung kaufen. Wenn ich mir keine Nahrung leisten kann, kann ich nicht leben.

Konjunktiv II Präsens:
Wenn es keinen Strom gäbe, hätte ich keine Arbeit. Wenn ich nicht zur Arbeit ginge, verdiente ich kein Geld. Wenn ich kein Geld verdiente, könnte ich mir keine Nahrung kaufen. Wenn ich mir keine Nahrung leisten könnte, könnte ich nicht leben.

Konjunktiv II Präteritum:
Wenn ich keinen Strom gegeben hätte, hätte ich keine Arbeit gehabt. Wenn ich nicht zur Arbeit gegangen wäre, hätte ich kein Geld verdient. Wenn ich kein Geld verdient hätte, hätte ich mir keine Nahrung kaufen können. Wenn ich mir keine Nahrung hätte leisten können, hätte ich nicht leben können.

2 a) und **b)**

A Wenn Elisha Gray früher gekommen wäre, gälte er heute als Erfinder des Telefons.
B Wenn seine Zeitgenossen Reis als Erfinder des Telefons (1) geehrt hätten, (2) wäre er vielleicht nicht verbittert gestorben. → (1) Konj. II Prät., nicht realisierbar; (2) Konj. II Prät., nicht realisierbar
C Ob Bell und Gray wohl (1) kooperiert hätten, wenn sie voneinander (2) gewusst hätten? → (1) Konj. II Prät., nicht wahrscheinlich; Konj. II Prät., nicht wahrscheinlich
D Heutzutage (1) könnten Wissenschaftler weltweit kooperieren, wenn sie (2) wollten. → (1) Konj. II Präs., möglich; (2) Konj. II Präs., möglich

Seite 65

3 *So könnte deine Lösung aussehen:*
Erfände ich ein neuartiges technisches Gerät, brächte es mich an jeden beliebigen Ort der Welt. Zudem zöge es mich für den gewählten Ort immer passend an. Stünde mir der Sinn nach Strandurlaub, läge ich Sekunden später im warmen Sand einer einsamen karibischen Insel in Badekleidung. Auch in den Backstagebereich des Konzerts meiner Lieblingsband zauberte es mich mit coolen Klamotten. Dieses Wahnsinnsgerät sorgte auch dafür, dass keiner meine Anwesenheit dort merkwürdig fände.

4 *So könnte deine Lösung aussehen:*
Sortierung von ungewiss bis gewiss: vielleicht, vermutlich, hoffentlich, möglicherweise, unter Umständen, wohl, bekanntlich, sicherlich, mit größter Wahrscheinlichkeit, auf jeden Fall, mit Sicherheit

5 *So könnte deine Lösung aussehen:*
Vermutlich unterscheiden sich Erfinder/-innen von anderen Menschen, obwohl sie mit Sicherheit nicht von einem Erfindervirus infiziert sind. Sie sind sicherlich nicht verrückt, aber unter Umständen genial. Beharrlich sind Erfinder/-innen auf jeden Fall und mit größter Wahrscheinlichkeit praktisch veranlagt. Zu ihrer sicherlich guten Bildung sind sie bekanntlich mit einer ordentlichen Portion Vorstellungskraft gesegnet, die hoffentlich ihre Kreativität befeuert.

Seite 66

6 a) und **b)** → Tabelle unten.

7 a) Das Telefon – Produkt mehrerer Erfinder?
Häufig kann man Erfindungen nicht auf einzelne Personen zurückführen. Sie entstehen vielmehr, wenn die Zeit dafür reif ist, und dann hat eine Erfindung oft mehrere Väter. Nach gängiger Auffassung soll Graham Bell das Telefon erfunden haben, weil er sich im Kampf um das Patent durchsetzte. Er reichte seinen Patentantrag am 14. Februar 1876 ein – nur zwei Stunden vor Elisha Gray. Elisha Gray müsste also eigentlich auch als Erfinder des Telefons genannt

Tabelle zu Seite 66, Aufgabe 6 a) und **b)**

soll • darf • kann • will • muss	Färbung der Aussage	sollte • dürfte • könnte • möchte • müsste	Färbung der Aussage
Peter soll Erfinder werden.	Notwendigkeit	Peter sollte Erfinder werden.	Empfehlung/Wunsch
Peter darf Erfinder werden.	Erlaubnis	Peter dürfte Erfinder werden.	Erlaubnis, wenn er wirklich will
Peter kann Erfinder werden.	Möglichkeit	Peter könnte Erfinder werden.	Möglichkeit, aber nicht wahrscheinlich
Peter will Erfinder werden.	Absicht	Peter möchte Erfinder werden.	Absicht, aber nicht sicher
Peter muss Erfinder werden.	Notwendigkeit	Peter müsste Erfinder werden.	Empfehlung/Wunsch

werden. Vielleicht ist aber auch der Deutsche Philipp Reis der eigentliche Erfinder, denn er konnte nachweislich bereits 1861 mit einem von ihm erfundenen Apparat telefonieren. Hätte Reis das nötige Geld gehabt, um die Technik seines Telefons zu verbessern, dann gälte er heute als Erfinder des Telefons. Er starb verbittert 1873.

Seite 67

b) *So könnte deine Lösung aussehen:*
- Tatsachenbehauptung: Er reichte seinen Patentantrag am 14. Februar 1876 ein – nur zwei Stunden vor Elisha Gray. (Z. 3 f.)
- Hypothetische Aussage: Hätte Reis das nötige Geld gehabt, um die Technik seines Telefons zu verbessern, dann gälte er heute als Erfinder des Telefons. (Z. 7 f.)
- Aussage der Möglichkeit: Vielleicht ist aber auch der Deutsche Philipp Reis der eigentliche Erfinder, denn er konnte nachweislich bereits 1861 mit einem von ihm erfundenen Apparat telefonieren. (Z. 5 f.)
- Aussage der Notwendigkeit: Elisha Gray müsste also eigentlich auch als Erfinder des Telefons genannt werden. (Z. 4 f.)

Teste dich!

1
- Adverbiale Bestimmung: (1), (2), (3), (4), (5), (9), (14)
- Attribut: (6), (8)
- Präpositionalobjekt: (7), (10), (11), (12), (13), (15)

2 (9) …, weil sie diese Erfindung gemacht hatte …
(11) …, wie Herta Heuwer es später darstellte …

3 Behauptung

4 Hertha Heuwer behauptete, dass sich die Firma „Kraft" später um das Rezept und das Markenrecht bemüht habe. Sie habe sich jedoch nicht für dieses Angebot interessiert.

5
- Wenn sich Hertha Heuwer für das Angebot der Firma „Kraft" interessiert hätte, dann hätte die Firma „Kraft" ihr das Rezept und die Markenrechte abgekauft. (Konjunktiv II der Gegenwart)
- Wenn Sich Hertha Heuwer für das Angebot der Firma „Kraft" interessiert gehabt hätte, dann wären ihr von der Firma „Kraft" das Rezept und die Markenrechte abgekauft worden.

Seite 69

1/2 a) Die Olympischen Spiele der Antique

Die antiquen Spiele wurden auf dem heiligen Hein von Olympia ausgetragen. Laut griechischer Mytologie sollen sie von Herakles, einem Sohn des Göttervaters Zeus, oder Pelops, Sohn des phrygischen Königs Tantalos, begründet worden sein. Der olympische Wettkampf hatte ursprünglich kultische Bedeutung. Forscher vermuten, das ihm feiern für Rhea, die Mutter des Zeus, zu grunde liegen.
Im sogenannten „goldenen Zeitalter" waren die Olympischen Spiele (472–400 vor Christus) ein Fest, dass fünf Tage dauerte, von denen der Erste und Dritte von Weihe Handlungen bestimmt waren. Die Spiele begannen mit einer Procession von Priestern, Schiedsrichtern, Athlethen und Zuschauern, die durch ein Tor in den heiligen olympischen Bezirk einzogen. Das Stier-Opfer für Zeus war der erste Höhe-Punkt der Feier, dann folgte der Eid der Schiedsrichter und Athlethen, die Regeln des Kampfes zu achten. Die fünf Wettkampftage waren von unterschiedlichen sportlichen Disziplienen bestimmt. Am ersten Tag wurden die Wettkämpfe der Knaben im laufen, ringen und Faustkampf durch geführt. Der zweite Tag war den Pferde Wettkämpfen, dem wettreiten und dem Wagen rennen im „Hippodrom" und dem berühmten Fünfkampf der Männer mit Diskus werfen, weit springen, Speer werfen, laufen und Ringkampf vorbehalten. Am dritten Tag gab es den Stadion Lauf über die Länge des Stadions (192,27 Meter) und den Doppellauf. Der vierte Tag war der Kampftag mit Ringkampf, Faustkampf, Pankration („Allkampf") und Waffen Lauf. Beim Pankration wurde mit bloßen Händen gekämpft, und zwar so lange, bis der Gegner sich nicht mehr wehren konnte. Man durfte schlagen, würgen, treten, an den Ohren reißen, es war imgrunde eine kriegerische Übung „auf leben und tot", dem militärischen Kampf nach verlieren der Waffen nach empfunden. Am letzten Tag der Spiele fanden schließlich die Siegerehrungen Statt.

b)
groß/klein: (das) Feiern, zugrunde/zu Grunde, erste, dritte, (das) Laufen (2 x), (das) Ringen, (das) Wettreiten, (das) Weitspringen, im Grunde, Leben, Tod, Verlieren, (fanden) statt
getrennt/zusammen: zugrunde / zu Grunde, Weihehandlungen, Stieropfer, Höhepunkt, durchgeführt, Pferdewettkämpfe, Wagenrennen, Diskuswerfen, Weitspringen, Speerwerfen, Stadionlauf, Waffenlauf, im Grunde, nachempfunden
Fremdwörter und „ungewöhnliche" Wörter: Antike, antiken, Hain, Mythologie, Prozession, Athleten (2 x), Disziplinen
Schreibung von das/dass: Forscher vermuten, dass … (Z. 4), ein Fest, das … (Z. 5)

Seite 70

1 a)
A Das Wichtigste ist die Teilnahme.
Erklärung: Nominalisierung/Substantivierung, gut erkennbar am vorangehenden Artikel
B Die Teilnahme ist am wichtigsten.
Erklärung: Kleinschreibung bei Superlativen mit *am*
C Die Teilnahme ist wichtig.
Erklärung: Kleinschreibung von Adjektiven

b)
A Wichtig ist Teilnehmen, nicht Siegen.
Erklärung: Nominalisierung/Substantivierung; Artikel kann ergänzt werden
B Viele können teilnehmen, nicht alle können siegen.
Erklärung: Kleinschreibung von Verben

c)

A Jeder möchte der Erste sein.
Erklärung: Nominalisierung/Substantivierung, gut erkennbar am vorangehenden Artikel

B Die erste Qualifikationsrunde ist sehr aufregend.
Erklärung: Kleinschreibung, da Verwendung als Adjektivattribut

d)

A die Olympischen Spiele
Erklärung: Großschreibung von Eigennamen

B ein olympischer Sieg
Erklärung: Kleinschreibung, da Verwendung als Adjektivattribut, Endung auf -isch, kein Eigenname

2 Teilnehmen, Kämpfen, Siegen – Was ist für die Athleten das Wichtigste?

Für die meisten der sportlichen Teilnehmer zählt das Gefühl, zu den Besten zu gehören, es in den kleinen Kreis der Auserwählten geschafft zu haben, am meisten. Sie haben hart trainiert und wollen ihr Bestes geben, aber sie wissen, dass ein olympischer Sieg wieder nur wenigen, den Besten der Besten, zukommen kann, zuweilen auch einfach den Glücklichsten.
Bei den Olympischen Spielen von Sydney erklärte Perdita Felicien vom kanadische Team, dass sie trotz ihres Ausscheidens in der ersten Qualifikationsrunde für den 100-m-Hürdenlauf keine Sekunde zögern würde, wieder mitzumachen; von vielen anderen teilnehmenden Athleten ist Ähnliches zu hören. Selbst Pierre de Coubertin, Begründer der Olympischen Spiele der Neuzeit, betonte schon vor mehr als hundert Jahren: „Das Wichtigste an den Olympischen Spielen ist nicht das Siegen, sondern das Teilnehmen."
Auch dass Anstrengung und Disziplin eines olympischen Athleten mehr zählten als Körpergröße, Herkunft oder Geschlecht, ist ein wichtiges Element des olympischen Gedankens. Für viele ist aber auch einfach die Gemeinschaft mit anderen Athleten und das Leben im olympischen Dorf etwas Besonderes, da sie hier mit Menschen zusammen sein können, die ein ähnliches Leben führen wie sie selbst.

Seite 71

3 a) und **b)**

A Die Olympischen Spiele sind beliebt bei Jung und Alt, Groß und Klein.

B Jeder sportlich Interessierte ist dank der modernen Kommunikationsmittel unmittelbar auf dem Laufenden über Siege und Niederlagen.

C Verstärkten Kontrollen zum Trotz hat das Internationale Olympische Komitee (IOC) das Doping bei Weitem/weitem noch nicht im Griff.

D Dass sich hieran etwas ändert, ist über kurz oder lang auch nicht zu erwarten.

E Trotzdem tun viele Funktionäre so, als sei alles auf das Beste geregelt.

F Sie sind überzeugt, sie hätten das Ihre zur Aufklärung und Verhinderung des Dopings getan, unter anderem durch Sperren der Athleten und Aberkennung von Medaillen.

G Wer ist schuld am Doping-Missbrauch – die Sportler, die Trainer, die Funktionäre?

H Bei den antiken Wettkämpfen wurde nur der jeweils Erste als Sieger geehrt.

I Heute gibt es drei Sieger und auch der zweite und dritte bekommt eine Medaille.

J Zu Beginn der neuzeitlichen Spiele kamen die Teilnehmenden im Wesentlichen aus Europa, aber schon seit Langem/langem reisen sie von nah und fern, aus allen Kontinenten, an.

4 *So könnte deine Lösung aussehen:*

- Mein Dank gilt meinen Unterstützern, die mich dank ihrer Beharrlichkeit während des gesamten Projekts begleiteten.
- Meister Yoda verlieh kraft seiner Weisheit Luke die Kraft, gegen das Böse zu kämpfen.
- Um seiner selbst willen respektiert er den Willen anderer.
- Ich habe trotz des köstlichen Geruchs aus Trotz keine Essen angerührt.
- Mir wird angst und bange, wenn ich daran denke, welche Angst ich im dunklen Wald habe.
- Die gesamte Klasse war der Ansicht, dass der Wandertag klasse war.
- Von der Spitze des Berges ist die Aussicht bekanntermaßen spitze.
- Der schlampige Kommissar war schuld daran, dass die Schuld an dem Diebstahl nie geklärt wurde.
- Wenn jemand auf sein Recht pocht, hat er nicht immer tatsächlich recht.
- Sie war es leid, das Leid anderer klaglos zu akzeptieren.
- Ich habe zeit meines Lebens darauf geachtet, dass ich mir genug Zeit für meine Freunde nehme.

Seite 72

1 **Nomen + Nomen:** Sportart(en) (3 x), Radsport, Ballsportarten, Tischtennis, Wasserball, Wintersportarten, Sommerspielen
Begründung: Verbindungen aus zwei oder mehreren Nomen werden zusammengeschrieben.
Adjektiv/Numerale + Nomen: Leichtathletik, Fünfkampf, Einzeldisziplinen, Synchronschwimmen
Begründung: Verbindungen aus Adjektiven/Numeralen + Nomen werden zusammengeschrieben, wenn das Adjektiv/Numerale das Bestimmungswort des zusammengesetzten Nomens bildet.
Verb + Nomen: Wettkämpfe, Reitsport
Begründung: Verbindungen aus Verb + Nomen werden zusammengeschrieben, wenn das Verb das Bestimmungswort des zusammengesetzten Nomens bildet.
Nomen + Verb: Gewichtheben, Bogenschießen, Brustschwimmen, Rückenschwimmen, Freistilschwimmen, Schmetterlingsschwimmen, Wasserspringen, Eislaufen (Z. 10), eislaufen (Z. 11), Tennis spielen, Skilaufen, Skispringen
Begründung: Fügungen aus Nomen + Verb werden zusammengeschrieben, wenn sie nominalisiert werden bzw. wenn das Nomen als verblasst betrachtet wird (z. B. eislaufen). *Tennis spielen* ist im Satzzusammenhang keine Nominalisierung und wird deshalb getrennt geschrieben.

Präposition/Adverb + Verb: hinzugenommen, ausgetragen, zugelassen, übergangen
Begründung: Präposition/Adverb + Verb werden immer zusammengeschrieben, wenn die Wortbestandteile direkt nebeneinanderstehen.
Andere: Wettbewerbe, stattfinden

Seite 73

2 *So könnte deine Lösung aussehen:*
Leid + tun: Es tut mir leid. Es hat mir leidgetan.
Eis + laufen: Ich laufe eis. Ich bin eisgelaufen.
Hand + haben: Wir handhaben das so.; Wir haben das so gehandhabt.
Ski + laufen: Ich laufe Ski. Ich bin Ski gelaufen.
Brust + schwimmen: Ich schwimme Brust. Ich bin Brust geschwommen.
hinter + gehen: Der Fuchs hintergeht den Bären. Der Fuchs hat den Bären hintergangen.

3 a) Wenn die Sportler im olympischen Dorf zusammen sind, ist nicht das Gefühl der Konkurrenz vorherrschend, sondern das Gefühl, zusammenzugehören. Mancher, der zu Hause / zuhause als erfolgsverwöhnt galt, merkt, dass ihm in der superguten Weltelite viele ebenbürtig sind. Das zu akzeptieren kann durchaus manchem schwerfallen und die Enttäuschung ist nicht geheim zu halten, wenn sie sich mit herzergreifenden Tränen Bahn bricht. Auch bei rekordverdächtigen Sportlern kann immer etwas schieflaufen, aber die Profis lernen, sich damit nicht schwerzutun. Gerade erfolgsverwöhnte Sportler mit bahnbrechenden Erfolgen wollen natürlich bei jedem Wettkampf gerne wieder gewinnen, aber niemand kann für immerwährenden Erfolg garantieren, und übertrieben große Hoffnungen können zu bitterbösen Enttäuschungen werden.

Seite 74

4 Immer noch werden Dopingfälle aufgedeckt, aber man kann die Sportler nicht immerfort kontrollieren. Der eine findet, es werde zu wenig kontrolliert, der andere, zu viel. Dass Kontrollen inzwischen als selbstverständlich akzeptiert werden, deutet immerhin auf ein erhöhtes Problembewusstsein hin. Trotzdem muss man immer wieder damit rechnen, dass Sportler mit irgendwelchen Mitteln dopen, die noch nicht nachweisbar sind. Schon in der Antike wurde bei den Wettkämpfen betrogen – gegen den immerwährenden menschlichen Siegeswunsch scheint der faire selbst verdiente Erfolg nicht anzukommen.

5 *So könnte deine Lösung aussehen:*
- wohl tun / wohltun: Der Tee tut wohl im Hals. / Der wohltuende Tee linderte die Halsschmerzen.
- weiter gehen / weitergehen: Sie kann weiter gehen als ich. / So kann das nicht weitergehen!
- leicht fallen / leichtfallen: Auf Glatteis kann man leicht fallen. / Diese Matheaufgabe dürfte euch leichtfallen.
- bewusst machen / bewusstmachen: Yogaübungen sollte man ganz bewusst machen. / Wie wichtig das für die Gesundheit ist, sollte man sich immer wieder bewusstmachen.
- gleich machen / gleichmachen: Ich werde die Reparatur gleich machen. / Viele denken, man sollte alle gleichmachen.

Seite 75

1 b) Nebensätze / satzwertige Wortgruppen; „Unterbrechungen" des Satzflusses; Aufzählung

Olympische Spiele in der Antike und in der Neuzeit
Fast tausend Jahre lang fanden in der Antike die Olympischen Spiele alle vier Jahre statt, ein Zeitraum, den man Olympiade nannte. Im Jahre 393 nach Christus wurden die Spiele vom römischen Kaiser Theodosius I., der das Christentum als Staatsreligion einführte, als heidnischer Götterkult verboten. Erst im 19. Jahrhundert gelang es Pierre de Coubertin, einem französischen Pädagogen und Historiker, die Spiele wiederzubeleben. Er beabsichtigte, über die Wettkämpfe Menschen verschiedener Nationen friedlich zusammenzubringen, um so deren gegenseitige Achtung zu fördern. 1894 wurde in Paris das erste Internationale Olympische Komitee gegründet, zwei Jahre später, im April 1896, fanden die ersten Olympischen Spiele der Neuzeit in Athen statt. Nicht nur mit der Wahl Griechenlands, des Ursprungslandes der Spiele, knüpfte man an die Tradition der antiken Spiele an, man führte auch Wettkämpfe im antiken Stadion, dem Panathinaikon, durch, das man ausdrücklich für die Spiele restauriert hatte. Wie in der Antike waren auch bei den ersten Spielen der Neuzeit Frauen nicht zugelassen, denn jede Form von Körperlichkeit galt im prüden viktorianischen Zeitalter als unschicklich. Wenn auch nur im Tennis und Golf, konnten jedoch bereits 1900 auch Frauen an den Spielen teilnehmen, u. a. dank der erstarkenden Frauenbewegung. Während der Sieg in der Antike als höchste Gunst des Göttervaters Zeus galt und die Sieger lediglich mit einem Olivenkranz aus dem heiligen Hain Olympias geehrt wurden, werden die Sieger der Neuzeit mit Medaillen, Urkunden, Kränzen und Pokalen überschüttet, eine Entwicklung, die von Coubertin nicht gewollt war. Er lehnte den Siegerkult ab und wollte alle Athleten, die an den Wettkämpfen teilnahmen, mit einer Medaille ehren, und zwar mit einer silbernen. Der heute übliche Fackellauf vor Eröffnung der Spiele geht nicht auf die Antike zurück, sondern wurde von den Nationalsozialisten eingeführt, um die Weltöffentlichkeit 1936 auf die Spiele in Berlin aufmerksam zu machen.

c) *So könnte deine Lösung aussehen:*
kein Komma, weil es sich nicht um die Aufzählung gleichrangiger Adjektive handelt;
Probe: *prüde* und *viktorianisch* können im Satzzusammenhang nicht mit *und* verbunden werden → kein Komma.

Seite 76

2 A Neben den Olympischen Sommer- und Winterspielen gibt es mit den sogenannten Paralympics auch Olympische Spiele für Menschen mit körperlichen Handicaps.

Begründung: Keine Kommas, da keine „Unterbrechungen" des Satzflusses, keine Nebensätze oder satzwertige Wortgruppen vorhanden.

B 1960(,) nach den Sommerspielen in Rom(,) fanden diese besonderen Olympischen Spiele das erste Mal statt.
Begründung: Kommas möglich, um Gliederung des Satzes zu verdeutlichen, aber nicht zwingend.

C Auch bei den Paralympics treten die Sportler in verschiedenen bekannten Sportarten gegeneinander an.
Begründung: Kein Komma, weil es sich nicht um eine Aufzählung gleichrangiger Adjektive handelt; Probe: *verschieden* und *bekannt* können im Satzzusammenhang nicht mit *und* verbunden werden.

D Die Paralympics in der quirligen chinesischen Hauptstadt Peking im Jahr 2008 sind immer noch als perfekt gelungene Veranstaltung in Erinnerung.
Begründung: Kein Komma, weil es sich nicht um eine Aufzählung gleichrangiger Adjektive handelt; Probe: *verquirlig* und *chinesischen* können im Satzzusammenhang nicht mit *und* verbunden werden.

E Zu den Sportarten der Winter-Paralympics gehören Biathlon, Sledge-Eishockey, Ski Nordisch, Ski Alpin und Rollstuhlcurling.
Begründung: Kommas, weil Aufzählung

F Heute sind die Paralympics(,) gemessen an den Teilnehmerzahlen(,) das zweitgrößte Sportereignis weltweit.
Begründung: Kommas möglich, um Gliederung des Satzes zu verdeutlichen oder um Missverständnisse zu vermeiden

3 **A** Zu den Olympischen Spielen im sogenannten goldenen Zeitalter kamen mehr als 40 000 Zuschauer, die sich ohne Unterkünfte, sanitäre Einrichtungen und ausreichende Wasserversorgung im Stadion aufhielten, zusammen.

B Sie mussten Zelte aufschlagen, die in der prallen Sonne standen, und auch im Stadion, in dem Kopfbedeckungen nicht erlaubt waren, waren sie der sengenden Sonne ausgesetzt.

C Thales von Milet, der als Zuschauer an den 58. Olympischen Spielen teilnahm, starb hier an Hitze und Durst.

D Die Olympischen Spiele waren ein Volksfest mit Straßenhändlern, die Erfrischungen und Andenken feilboten, mit Zauberern und Wahrsagern, die ihre Künste zeigten, und mit Politikern, die die Menge für sich gewinnen wollten.

E Man kann sich das Gedränge vorstellen, das auf den nur etwa 1000 Quadratkilometern entstand, und vielleicht auch den Gestank, der durch die Exkremente und die Tiere, die auf den Altären geopfert wurden, und deren Fleisch, das nicht gegessen werden durfte und daher in der Sonne verfaulte, hervorgerufen wurde.

Seite 77

5 **a)** und **b)** Erweiterte Infinitive Signale für verpflichtende Kommas

A Alle Kandidaten für die antiken Spiele hatten die Pflicht, sich in einem mindestens zehnmonatigen Heimattraining auf die Wettkämpfe vorzubereiten.

B Für die Adelsjugend gehörte es ohnehin **zum guten Ton**, sich körperlich und geistig an einem „Gymnasion" ausbilden zu lassen.

C Bei der Ausbildung ging es darum, die „Arete" zu fördern, und das hieß, neben der körperlichen Übung militärische Tugenden wie Tapferkeit und Heldentum auszuprägen.

D Das harte Training im Gymnasion von Elis und den vorgeschriebenen zweitägigen Marsch von Elis nach Olympia durchzustehen, gelang nicht allen Kandidaten.

E Wer sich gezwungen sah, aufzugeben, kehrte nach Hause zurück, ohne den Ruhm und die Ehre, im Wettkampf gewonnen zu haben.

F Zu siegen bedeutete dagegen, außer der Ehre ein Stirnband und einen Kranz aus Ölbaumzweigen mit nach Hause zu nehmen.

5 **a)** und **b)**

A Als die Olympischen Spiele im 19. Jahrhundert wiederbelebt wurden, waren sie zunächst reine Sommerspiele, wenn auch im Jahr 1908 mit Wettkämpfen im Eiskunstlauf, aber da bald die Schnee- und Eissportarten beliebter wurden, beschloss das IOC im Jahre 1924, versuchsweise eine internationale Wintersportwoche durchzuführen, an der 258 Sportler aus 16 Ländern, überwiegend Europäer und Nordamerikaner, teilnahmen.

→ Es fehlen 8 Kommas.
Regeln: Abtrennung von Nebensätzen oder satzwertigen Wortgruppen, Abtrennung von nachgestellten Erläuterungen

B Einerseits ist das olympische Ideal des Friedens und der Freundschaft zwischen den Nationen oft bedroht, sobald politisch Einfluss genommen wird, andererseits tragen die Spiele auch dazu bei, die Beziehungen zwischen Ländern und Volksgruppen zu verbessern, z. B. durch die gemeinsame Teilnahme von Nord- und Südkorea, und sie geben neu gebildeten Nationen die Gelegenheit, auf sich aufmerksam zu machen, sodass die Teilnahme durchaus zur Vorstufe einer breiteren internationalen Anerkennung wird(,) wie etwa bei den Republiken der ehemaligen Sowjetunion oder auch bei verschiedenen afrikanischen Ländern.

→ Es fehlen 7 Kommas + 1 optionales Komma.
Regeln: Abtrennung von Nebensätzen oder satzwertigen Wortgruppen, Abtrennung von nachgestellten Erläuterungen, Abtrennung von Aufzählungen

Seite 78

1 **a)** und **b)**
Ist es vorstellbar, dass (/) Athleten ihre Medaillen freiwillig abgeben? Genau das (dieses) haben einige sowjetische Sieger getan. Das Geld, das (welches) sie für ihre Medaillen erhielten, brauchten sie überwiegend für ihren Lebensunterhalt. Der Ringer Iwan Bohdan konnte z. B. mit dem Geld, das (welches) er für seine Medaille bekam, die Miete für seine Wohnung weiter bezahlen. Er sagte später, dass (/) er den Verkauf nicht bereut habe. Dass (/) Nikolai Kruglow Jr. in seiner Sportkarriere erfolgreich war, das (dies) verdankte er der Großzügigkeit seines Vaters: Dieser hatte für das

Training, das (welches) er seinem Sohn ermöglichen wollte, seine Goldmedaillen verkauft.

2 An den heutigen Spielen wird häufig kritisiert, dass (K) der Aspekt der Völkerverständigung zurückgedrängt worden sei und dass (K) politische und wirtschaftliche Interessen die eigentlichen Wettkämpfe überlagerten. Tatsächlich ist Olympia zu einem Geschäft geworden, das (R) milliardenschwer ist. Dass (K) immer mehr Sportler/-innen zu Dopingmitteln greifen, auch das (D) gehört zum Geschäft und führt dazu, dass (K) viele Menschen inzwischen sportlichen Erfolgen mit Misstrauen begegnen. Ursprünglich sah die Charta der Olympischen Spiele vor, dass (K) die Teilnehmer/-innen mit Sport kein Geld verdienen, dass (K) also nur Amateure zum Wettkampf zugelassen werden. Dass (K) dieser Paragraf 1984 gestrichen wurde, führte dazu, dass (K) die Teilnehmer/-innen an den Spielen bei Siegen von ihren Ländern enorme Geldsummen bekommen. Coubertin wollte auch, dass (K) die Spiele frei zugänglich für jede Nation seien und dass (K) sie nicht für politische Zwecke missbraucht werden. Die Tatsache, dass (K) die Repräsentanten des jeweiligen Gastgeberlandes nur erklären dürfen, dass (K) die Spiele eröffnet seien, trägt diesem Wunsch Rechnung. Allerdings stellt man bei einem Blick in die Geschichte der Spiele schnell fest, dass (K) es sich um ein Anliegen handelt, das (R) in der Realität nicht durchsetzbar war. So riefen z. B. 1980 die USA zu einem Boykott der Spiele in Moskau auf, mit dem Erfolg, dass (K) 64 Länder nicht teilnahmen. Als Reaktion verweigerten 1984 18 sozialistische Länder die Teilnahme an den Spielen in Los Angeles.

Seite 79

Teste dich!

Worin sich die Spiele der Neuzeit von den antiken unterscheiden

Zwar gründen die neuzeitlichen Spiele auf den vergangenen, sie unterscheiden sich jedoch auch in vielem von der altgriechischen Tradition. So hat bereits Coubertin ausdrücklich darauf bestanden, dass die Spiele unabhängig bleiben von religiösen Bezügen, um allen Sportlern, welcher Glaubensrichtung auch immer sie anhängen, die Teilnahme zu ermöglichen.

Während die Spiele des Altertums immerfort in Athen stattfanden, werden die der Neuzeit jedes Mal in einem anderen Land und in einer anderen Stadt ausgetragen als vier Jahre zuvor. Einerseits gilt der Zuschlag für das Ausrichten der Spiele als Prestige fördernd / prestigefördernd und gewinnträchtig, andererseits ist zu beobachten, dass die Bewerbungen nicht immer von der Bevölkerung unterstützt werden, da die Spiele enorm hohe Kosten verursachen, die letztlich die Steuern zahlenden Bürger tragen müssen. Vor allem die gering verdienende Bevölkerung in Entwicklungsländern oder sogenannten / so genannten Schwellenländern leidet, wenn Geld, das dringend für Sozialprojekte oder Infrastrukturmaßnahmen gebraucht würde, von, so der Vorwurf, prestigesüchtigen Politikern für olympische Bauten ausgegeben wird.

Nachdem die antiken Spiele zunächst an nur einem Tag durchgeführt worden waren, wurden sie später auf immerhin schon fünf Tage erweitert, während die Spiele heutzutage bis zu sechzehn Tage dauern können, eine Verlängerung, die der ständigen Erweiterung der Einzeldisziplinen geschuldet ist.

Im Wesentlichen unterscheiden sich jedoch die neuzeitlichen Spiele von den antiken dadurch, dass die Zulassung der teilnehmenden Athleten gar nicht mehr eingeschränkt ist, und das ist ein Merkmal, das schon für Coubertin das ausschlaggebende war. Athleten aus der ganzen Welt freuen sich darauf, zu den Wettkämpfen zusammenzukommen. Seit 1912 sind alle fünf Kontinente mit nationalen Delegationen vertreten, sodass die Spiele zu Recht als universell gelten können. Seit dem Jahr 1900 wurden auch immer mehr Disziplinen für Frauen geöffnet, z. B. Schwimmen bereits ab 1912, Rudern, das lange Zeit als unweiblich galt, ab 1967, Fußball, man höre und staune, erst ab 1996, und erst seit Kurzem, nämlich seit 2012, sind mit dem Frauenboxen als letzter Disziplin Frauen in allen Sportarten vertreten.